Andersen | Die neuen Kleider des Kaisers

Hans Christian Andersen

Die neuen Kleider des Kaisers

Acht Märchen

Aus dem Dänischen übersetzt und herausgegeben
von Heinrich Detering

Reclam

RECLAMS UNIVERSAL-BIBLIOTHEK Nr. 14178
2021 Philipp Reclam jun. Verlag GmbH,
Siemensstraße 32, 71254 Ditzingen
info@reclam.de
Gestaltung: Cornelia Feyll, Friedrich Forssman
Druck und Bindung: Esser printSolutions GmbH,
Untere Sonnenstraße 5, 84030 Ergolding
Printed in Germany 2025
RECLAM, UNIVERSAL-BIBLIOTHEK und
RECLAMS UNIVERSAL-BIBLIOTHEK sind eingetragene Marken der Philipp Reclam jun. GmbH & Co. KG, Stuttgart
ISBN 978-3-15-014178-6
reclam.de

Inhalt

Das Feuerzeug 7
Die Prinzessin auf der Erbse 17
Die kleine Meerfrau 19
Die neuen Kleider des Kaisers 51
Der standhafte Zinnsoldat 59
Die Nachtigall 65
Das missratene Entchen 79
Das kleine Mädchen mit den Schwefelhölzern 93

Nachwort 97

Das Feuerzeug

Da kam ein Soldat die Landstraße entlangmarschiert: Eins, zwei! Eins, zwei! er hatte seinen Tornister auf dem Rücken und einen Säbel an der Seite, denn er war im Krieg gewesen, und nun wollte er nach Hause. Da traf er eine alte Hexe auf der Landstraße; die war so widerlich, ihre Unterlippe hing ihr bis auf die Brust herunter. Sie sagte: »Guten Abend, Soldat! was hast du für einen schönen Säbel und was für einen großen Tornister, du bist ein richtiger Soldat! Jetzt sollst du so viel Geld kriegen, wie du willst!«

»Vielen Dank auch, du alte Hexe!«, sagte der Soldat.

»Siehst du den großen Baum?«, sagte die Hexe und zeigte auf den Baum, der neben ihnen stand. »Da drinnen ist er ganz hohl! Da musst du in die Krone hinaufklettern, dann siehst du ein Loch, da kannst du hineinrutschen und tief in den Baum hinunterkommen! Ich binde dir einen Strick um den Leib, damit ich dich wieder hochziehen kann, wenn du mich rufst!«

»Und was soll ich da unten im Baum?«, fragte der Soldat.

»Geld holen!«, sagte die Hexe, »du musst wissen, wenn du unten auf den Grund des Baumes kommst, dann bist du in einem großen Gang; da ist es ganz hell, denn da brennen über hundert Lampen. Dann siehst du drei Türen, du kannst sie aufmachen, der Schlüssel steckt. Wenn du in die erste Kammer gehst, dann siehst du mitten auf dem Boden eine große Kiste, obendrauf sitzt ein Hund; er hat ein Paar Augen, so groß wie ein Paar Teetassen, aber darum musst du dich gar nicht kümmern! Ich gebe dir meine blaukarierte Schürze, die kannst du auf dem Boden ausbreiten; geh dann nur zu und nimm den Hund, setz ihn auf meine Schürze, mach die Kiste auf und nimm so viele Schillinge, wie du willst. Sie sind alle aus Kupfer; aber willst du lieber Silber haben, dann musst du ins nächste Zimmer gehen; doch da sitzt ein Hund, der hat ein Paar Augen, so groß wie ein Mühlrad; aber darum musst du dich gar nicht kümmern, setz ihn auf meine Schürze, und nimm du nur von dem Geld! Willst du dagegen Gold haben, das kannst du auch kriegen, und zwar so viel, wie du tragen kannst, wenn du in die dritte Kammer gehst. Aber der Hund, der auf der Geldkiste sitzt, hat hier zwei Augen, jedes so groß wie der Runde Turm in Kopenhagen. Das ist ein richtiger Hund, das kannst du mir glauben! aber darum musst du dich überhaupt nicht kümmern! setz ihn einfach auf meine Schürze, dann tut er dir nichts, und dann nimm du dir aus der Kiste so viel Gold, wie du willst!«

»Das ist gar nicht so dumm!«, sagte der Soldat. »Aber was soll ich dir geben, du alte Hexe? Denn irgendwas wirst du wohl abbekommen wollen, kann ich mir denken!«

»Nein«, sagte die Hexe, »nicht einen Schilling will ich haben! Du sollst mir bloß ein altes Feuerzeug mitbringen, das meine Großmutter vergessen hat, als sie das letzte Mal unten war!«

»Aha! na, jetzt kannst du mir den Strick umbinden!«, sagte der Soldat.

»Hier ist er!«, sagte die Hexe, »und hier ist meine blaukarierte Schürze.«

Da kroch der Soldat auf den Baum, ließ sich in das Loch hinabplumpsen und stand nun, wie die Hexe gesagt hatte, unten in dem großen Gang, wo die vielen hundert Lampen brannten.

Nun machte er die erste Tür auf. Uh! da saß der Hund mit den Augen, so groß wie Teetassen, und glotzte ihn an.

»Du bist ja ein netter Bursche!« sagte der Soldat, setzte ihn auf die Schürze der Hexe und nahm genau so viele Kupferschillinge, wie er nur mitnehmen konnte, in seine Tasche, machte dann die Kiste zu, setzte den Hund wieder drauf und ging in das zweite Zimmer. Ei ja! da saß der Hund mit den Augen, so groß wie ein Mühlrad.

»Du solltest mich nicht so viel angucken!«, sagte der Soldat. »Du könntest Augenschmerzen kriegen!«, und dann setzte er den Hund auf die Schürze der Hexe, aber als er die vielen Silberschillinge in der Kiste sah, schmiss er alles Kupfergeld weg, das er hatte, und füllte seine Tasche und seinen Tornister mit dem reinen Silber. Nun ging er in die dritte Kammer! – Nein war das widerlich! Der Hund da drinnen hatte wirklich zwei Augen, so groß wie der Runde Turm, und sie drehten sich immer im Kopf herum, wie Räder!

»Guten Abend!«, sagte der Soldat und legte die Hand an die Mütze, denn so einen Hund hatte er nie zuvor gesehen; aber als er ihn nun ein bisschen angeguckt hatte, dachte er, jetzt ist es aber genug, hob ihn auf den Boden herunter und machte die Kiste auf – nein du barmherziger Gott! was war das viel Gold! er konnte dafür das ganze Kopenhagen kaufen und die Zuckerstangen der Bäckersfrauen, alle Zinnsoldaten, Peitschen und Schaukelpferde, die es auf der Welt gab! O ja, das war allerdings Geld! – Nun warf der Soldat alle Silberschillinge weg, mit denen er seine Tasche und seinen Tornister gefüllt hatte, und nahm stattdessen das Gold, ja alle Taschen, der Tornister, die Mütze und die Stiefel, wurden gefüllt, bis er kaum noch gehen konnte! jetzt hatte er Geld! Den Hund setzte er oben auf die Kiste, schlug die Tür zu und rief dann durch den Baum nach oben:

»Zieh mich nun hoch, du alte Hexe!«

»Hast du das Feuerzeug dabei?«, fragte die Hexe.

»Richtig!«, sagte der Soldat, »das hatte ich glatt vergessen«, und dann ging er zurück und holte es. Die Hexe zog ihn nach oben, und dann stand er wieder auf der Landstraße, die Taschen, Stiefel, Tornister und Mütze voller Geld.

»Was willst du nun mit dem Feuerzeug«, fragte der Soldat.

»Das geht dich nichts an!«, sagte die Hexe, »nun hast du ja Geld gekriegt! Gib mir bloß das Feuerzeug!« –

»Papperlapapp!«, sagte der Soldat, »wirst du mir sofort sagen, was du damit willst, sonst ziehe ich meinen Säbel und schlage dir den Kopf ab!«

»Nein«, sagte die Hexe.

Also schlug der Soldat ihr den Kopf ab. Da lag sie! aber er schnürte all sein Geld in ihre Schürze, die nahm er wie ein Bündel auf seinen Rücken, steckte das Feuerzeug in die Tasche und ging geradewegs in die Stadt.

Es war eine prächtige Stadt, und er zog in den prächtigsten Gasthof, verlangte die allerbesten Zimmer und Essen, wie es ihm schmeckte, denn jetzt war er reich, wo er doch so viel Geld hatte.

Der Diener, der seine Stiefel putzen sollte, dachte allerdings, das wären ja ein paar lächerliche alte Stiefel, die so ein reicher Herr hätte, aber er hatte sich noch keine neuen gekauft; am nächsten Tag kriegte er neue Stiefel, in denen er herumspazieren konnte, und Kleider, die sich sehen lassen konnten! Jetzt war der Soldat ein vornehmer Herr geworden, und man erzählte ihm von allem Sehenswerten, das sie in ihrer Stadt hatten, und von ihrem König, und was für eine niedliche Prinzessin seine Tochter war.

»Wo kann man die zu sehen kriegen?«, fragte der Soldat.

»Die kann man überhaupt nicht zu sehen kriegen!«, sagten alle, »sie wohnt in einem großen Kupferschloss, mit so vielen Mauern und Türmen ringsherum! Keiner außer dem König darf bei ihr ein und aus gehen, denn es gibt eine Weissagung, dass sie einen ganz simplen Soldaten heiraten wird, und das gefällt dem König gar nicht!«

»Die würd ich schon gern sehen!«, dachte der Soldat, aber das durfte er natürlich überhaupt nicht!

Nun lebte er sehr lustig, ging in die Komödie, fuhr im Königspark herum und gab den Armen eine Menge Geld, und das war hübsch von ihm! er wusste noch aus den alten Tagen, wie schlimm es ist, nicht einen Schilling zu besitzen! – Er war jetzt reich, hatte schöne Kleider, und da hatte er bald so viele Freunde, die sagten alle, was für ein netter Mensch er wäre, ein richtiger Kavalier, und das hörte der Soldat gern! Aber weil er jeden Tag Geld ausgab und überhaupt keins hereinbekam, da hatte er zuletzt nicht mehr als zwei Schillinge übrig und musste aus den hübschen Zimmern ausziehen, in denen er gewohnt hatte, und hinauf in eine winzig kleine Kammer, ganz oben unterm Dach, musste selber seine Stiefel putzen und mit einer Stopfnadel zusammennähen, und keiner von seinen Freunden kam zu ihm, denn es waren so viele Treppen, die man hinaufmusste.

Es war ein ganz dunkler Abend, und er konnte sich kein Licht kaufen, aber da erinnerte er sich, dass noch ein kleiner Stumpen in dem Feuerzeug lag, das er in dem hohlen Baum, in den die Hexe ihn hinuntergelassen hatte, an sich genommen hatte. Er holte das Feuerzeug und den Kerzenstumpen hervor, aber gerade in dem Augenblick, als er Feuer schlug und die Funken aus dem Flintstein herausflogen, sprang die Tür auf, und der Hund mit den Augen, so groß wie Teetassen, den er drunten im Baum gesehen hatte, stand vor ihm und sagte: »Was befiehlt mein Herr?«

»Was denn!«, sagte der Soldat, »das ist ja ein ulkiges Feuerzeug, kann ich so also kriegen, was ich haben will! Schaff mir Geld herbei«, sagte er zu dem Hund, und schwupp! war der fort, schwupp! war er wieder da und trug einen Beutel voller Schillinge in seinem Maul.

Jetzt wusste der Soldat, was für ein prächtiges Feuerzeug das war! schlug er einmal, kam der Hund, der auf der Kiste mit dem Kupfergeld saß, schlug er zweimal, kam der, der das Silbergeld hatte, und schlug er dreimal, kam der mit dem Gold. – Da zog der Soldat wieder in die schönen Zimmer hinunter, trug wieder die schönen Kleider, und sogleich erkannten alle seine Freunde ihn wieder, und sie hatten ihn so gern. –

Da dachte er einmal: das ist doch ganz lächerlich, ist das, dass man nicht die Prinzessin zu sehen kriegt! sie soll so wunderschön sein, heißt es überall! aber was soll das helfen, wenn sie immerfort in diesem großen Kupferschloss sitzen muss, mit den vielen Türmen. – Kann ich sie denn überhaupt nicht zu sehen kriegen? – Wo ist denn mein Feuerzeug! und dann schlug er Feuer, und schwupp kam der Hund mit den Augen, groß wie Teetassen!

»Es ist zwar mitten in der Nacht«, sagte der Soldat, »aber ich würde so schrecklich gern die Prinzessin sehen, bloß einen kleinen Augenblick!«

Sogleich war der Hund zur Tür hinaus, und ehe der Soldat sich's versah, sah er ihn wieder mit der Prinzessin, sie saß und schlief auf dem Rücken des Hundes und war so wunderschön, dass jeder sehen konnte, sie war eine wirkliche Prinzessin; der Soldat konnte einfach nicht anders, er musste sie küssen, denn er war ein richtiger Soldat.

Dann lief der Hund mit der Prinzessin zurück, aber als es Morgen wurde, und der König und die Königin sich gerade Tee einschenkten, da sagte die Prinzessin, sie hätte in der Nacht so einen sonderbaren Traum geträumt, von einem Hund und einem Soldaten. Sie war auf dem Hund geritten, und der Soldat hatte sie geküsst.

»Das ist ja eine reizende Geschichte!«, sagte die Königin.

Nun musste eine der alten Hofdamen in der nächsten Nacht am Bett der Prinzessin Wache halten, um zu sehen, ob es wirklich ein Traum war, oder was es sonst sein mochte.

Der Soldat hatte ein so fürchterliches Verlangen, die wunderschöne Prinzessin wiederzusehen, und also kam der Hund in der Nacht, nahm sie und lief so schnell er konnte, aber die alte Hofdame zog Stiefel an und lief genauso schnell hinterher; als sie sah, dass die beiden in einem großen Haus verschwanden, dachte sie, jetzt weiß ich, wo es ist, und malte mit einem Stück Kreide ein großes Kreuz auf das Tor. Dann ging sie nach Hause und legte sich hin, und der Hund kam auch wieder mit der Prinzessin; aber als er sah, dass da ein Kreuz auf das Tor gemalt war, wo der Soldat wohnte, nahm er auch ein Stück Kreide und setzte Kreuze auf alle Tore in der ganzen Stadt, und das war klug von ihm, denn nun konnte ja die Hofdame nicht das richtige Tor finden, wo doch auf allen Kreuze waren.

Morgens früh kamen der König und die Königin, die alte Hofdame und alle Offiziere, um zu sehen, wo die Prinzessin gewesen war!

»Da ist es!«, sagte der König, als er das erste Tor mit einem Kreuz darauf gesehen hatte.

»Nein, da ist es, mein lieber Gatte!«, sagte die Königin, die das zweite Tor mit einem Kreuz sah.

»Aber da ist eins und da ist eins!«, sagten alle; wohin sie sahen, waren Kreuze auf den Toren. Da konnten sie also sehen, es konnte nichts nützen, dass sie suchten.

Aber die Königin war nun eine sehr kluge Frau, die mehr konnte als in der Kutsche fahren. Sie nahm sich ihre große goldene Schere, schnitt ein Stück Seidenstoff in Stücke und nähte daraus einen niedlichen kleinen Beutel; den füllte sie dann mit kleinen, feinen Buchweizenkörnchen, band ihn der Prinzessin auf den Rücken, und als das getan war, schnitt sie ein kleines Loch in den Beutel, dass die Körnchen den ganzen Weg herausrieseln konnten, den die Prinzessin entlangkam.

In der Nacht kam nun der Hund wieder, nahm die Prinzessin auf seinen Rücken und lief mit ihr zu dem Soldaten, der sie so gernhatte und so gern ein Prinz gewesen wäre, um sie zur Frau zu nehmen.

Der Hund merkte gar nicht, wie die Körnchen rieselten, vom Schloss her bis zum Fenster des Soldaten, wo er mit der Prinzessin die Mauer hinauflief. Am Morgen sahen der König und die Königin also, wo ihre Tochter gewesen war, und da nahmen sie den Soldaten und warfen ihn ins Gefängnis.

Da saß er. Uh, wie war es da dunkel und langweilig, und dann sagten sie zu ihm: »Morgen wirst du aufgehängt.« Das war auch nicht lustig zu hören, und sein Feuerzeug hatte er zu Hause im Gasthof vergessen. Am Morgen konnte er zwischen den Eisenstangen in dem kleinen Fenster sehen, wie die Leute eilig aus der Stadt liefen, um zu sehen, wie er aufgehängt wurde. Er hörte die Trommeln und sah die Soldaten marschieren. Alle Menschen liefen davon; da war auch ein Schusterjunge mit Lederschürze und Pantoffeln, der trabte so im Galopp, dass ihm sein einer Pantoffel wegflog, genau gegen die Mauer, hinter der der Soldat saß und durch die Eisenstangen hinaussah.

»Ei, du Schusterjunge! Du musst dich nicht so abhetzen«, sagte der Soldat zu ihm, »es geht doch nicht los, bevor ich komme! aber willst du nicht dahin laufen, wo ich gewohnt habe, und mir mein Feuerzeug holen, dann sollst du vier Schillinge kriegen, aber nimm die Beine unter den Arm!« Der Schusterjunge wollte gern die vier Schillinge haben und sauste los nach dem Feuerzeug, gab es dem Soldaten, und – ja nun kriegen wir was zu hören!

Draußen vor der Stadt war ein großer Galgen errichtet, ringsum standen die Soldaten und viele hunderttausend Menschen. Der König und die Königin saßen auf einem prächtigen Thron genau gegenüber dem Scharfrichter und dem ganzen Rat.

Der Soldat stand schon oben auf der Leiter, aber als sie ihm den Strick um den Hals schlingen wollten, sagte er, dass man einem Sünder vor seiner Strafe doch immer einen unschuldigen Wunsch erfülle. Er wollte so gerne eine Pfeife Tabak rauchen, es war schließlich die letzte Pfeife, die er in dieser Welt bekam.

Dazu wollte nun der König nicht nein sagen, und so nahm der Soldat sein Feuerzeug und schlug Feuer, eins zwei drei! und da standen alle Hunde, der mit den Augen, so groß wie Teetassen, der mit Augen, so groß wie ein Mühlrad, und der, dessen Augen so groß waren wie der Runde Turm!

»Helft mir jetzt, dass ich nicht aufgehängt werde!«, sagte der Soldat, und dann fuhren die Hunde auf die Scharfrichter und den ganzen Rat los, nahmen einen an den Beinen und einen an der Nase, und warfen sie viele Klafter hoch in die Luft, dass sie herabfielen und glatt in Stücke geschlagen wurden.

»Ich will nicht!«, sagte der König, aber der größte Hund nahm ihn mitsamt der Königin und warf sie hinter all den anderen her; da kriegten die Soldaten einen Schrecken, und alle Leute riefen: »Kleiner Soldat, du sollst unser König sein und die liebliche Prinzessin haben!«

Und dann setzten sie den Soldaten in die königliche Kutsche, und alle drei Hunde tanzten vor ihm her und riefen »Hurra!«, und die Jungen pfiffen auf den Fingern und die Soldaten präsentierten das Gewehr. Die Prinzessin kam aus dem Kupferschloss und wurde Königin, und das gefiel ihr sehr! Die Hochzeit dauerte acht Tage, und die Hunde saßen mit am Tisch und machten große Augen.

Die Prinzessin auf der Erbse

Es war einmal ein Prinz; er wollte sich eine Prinzessin suchen, aber es sollte eine *richtige* Prinzessin sein. So reiste er um die ganze Welt, um so eine zu finden, aber etwas fehlte immer, Prinzessinnen gab es genug, aber ob es *richtige* Prinzessinnen waren, das konnte er nie so recht herausbekommen, immer gab es etwas, das nicht so ganz stimmte. So kam er also wieder nach Hause und war so betrübt, weil er so gerne eine wirkliche Prinzessin wollte.

Eines Abends nun wurde das Wetter ganz furchtbar; es blitzte und donnerte, der Regen goss in Strömen, es war entsetzlich! Da klopfte es ans Stadttor, und der alte König ging hin, um aufzumachen.

Es war eine Prinzessin, die draußen stand. Aber du lieber Gott, wie sah sie aus vor lauter Regen und bösem Wetter! Das Wasser lief ihr aus den Haaren und Kleidern, und es lief zu den Schuhspitzen hinein und zu den Fersen wieder heraus, und dann sagte sie, dass sie eine wirkliche Prinzessin sei.

»Ja, das werden wir noch herausbekommen!«, dachte die alte Königin, aber sie sagte nichts, ging in die Schlafkammer, nahm alle Bettdecken ab und legte eine Erbse auf den Boden des Bettes, daraufhin nahm sie zwanzig Matratzen, legte sie auf die Erbse, und dann noch zwanzig Kissen voller Eiderdaunen oben auf die Matratzen.

Da sollte die Prinzessin in der Nacht liegen.

Am Morgen fragten sie alle, wie sie geschlafen habe.

»O entsetzlich schlecht!«, sagte die Prinzessin. »Ich habe die ganze Nacht fast kein Auge zugetan! Gott weiß, was da im Bett gewesen ist? Ich habe auf etwas Hartem gelegen, und jetzt bin ich am ganzen Körper grün und blau! Es ist ganz entsetzlich!«

Da konnten sie sehen, dass sie eine richtige Prinzessin war, da sie doch durch die zwanzig Matratzen und die zwanzig Eiderdaunenkissen die Erbse gespürt hatte. So dünnhäutig konnte niemand anders sein als nur eine wirkliche Prinzessin.

Da nahm sie der Prinz zur Frau, denn nun wusste er, dass er eine richtige Prinzessin hatte, und die Erbse kam in die Kunstkammer, wo sie noch heute zu sehen ist, wenn niemand sie weggenommen hat.

Seht ihr, das war eine richtige Geschichte!

Die kleine Meerfrau

Weit draußen im Meer ist das Wasser so blau wie die Blätter der herrlichsten Kornblume und so klar wie das reinste Glas, aber es ist sehr tief, tiefer, als irgendein Ankertau reicht, viele Kirchtürme müsste man aufeinanderstellen, um vom Grund bis über das Wasser hinauszukommen. Dort unten wohnen die Meerleute.

Nun darf man nur ja nicht glauben, dass da bloß der nackte, weiße Sandboden ist; nein, es wachsen dort die seltsamsten Bäume und Pflanzen, so geschmeidig in Stiel und Blättern, dass sie sich bei der leisesten Bewegung des Wassers rühren, als wären sie lebendig. Alle Fische, kleine und große, schlüpfen durch die Zweige wie hier oben die Vögel in der Luft. An der allertiefsten Stelle liegt das Schloss des Meerkönigs, die Mauern sind aus Korallen und die langen, spitzen Fenster aus dem allerklarsten Bernstein, aber das Dach sind lauter Muschelschalen, die sich öffnen und schließen, je nachdem wie das Wasser geht; das sieht wundervoll aus; denn in jeder liegen leuchtende Perlen, eine einzige schon würde in der Krone einer Königin eine große Pracht sein.

Der Meerkönig dort unten war viele Jahre lang Witwer gewesen, aber seine alte Mutter führte ihm den Haushalt; sie war eine kluge Frau, doch stolz auf ihren Adel, darum ging sie stets mit zwölf Austern im Schwanz, die anderen Vornehmen durften nur sechs tragen. – Im Übrigen war sie sehr zu loben, besonders weil sie die kleinen Meerprinzessinnen so liebhatte, ihre Sohnestöchter. Das waren sechs reizende Kinder, aber die Jüngste war die Schönste von allen, ihre Haut war so klar und rein wie ein Rosenblatt, ihre

Augen so blau wie die tiefste See, aber wie alle übrigen hatte sie keine Füße, der Körper endete in einem Fischschwanz.

Den ganzen langen Tag konnten sie unten im Schloss spielen, in den großen Sälen, wo lebendige Blumen aus den Wänden wuchsen. Die großen Bernsteinfenster wurden geöffnet, und dann schwammen die Fische zu ihnen herein, wie bei uns die Schwalben hereinfliegen, wenn wir die Fenster öffnen; aber die Fische schwammen geradewegs zu den kleinen Prinzessinnen, aßen ihnen aus der Hand und ließen sich streicheln.

Draußen vor dem Schloss war ein großer Garten mit feuerroten und dunkelblauen Bäumen, die Früchte leuchteten wie Gold und die Blumen wie loderndes Feuer, wie sie immerzu Stängel und Blätter bewegten.

Die Erde selbst war der feinste Sand, aber blau wie Schwefellohe. Über allem dort unten lag ein seltsamer blauer Schimmer; man hätte eher glauben mögen, dass man hoch oben in der Luft stand und über und unter sich nur Himmel sah, als dass man auf dem Meeresgrund war. Bei Windstille konnte man die Sonne erblicken, sie schien wie eine Purpurblume, aus deren Kelch alles Licht ausströmt.

Jede der kleinen Prinzessinnen hatte ihren kleinen Fleck im Garten, wo sie graben und pflanzen konnte, wie sie selbst es wollte; eine gab ihrem Blumenbeet die Gestalt eines Walfisches, eine andere mochte es lieber, dass ihres aussah wie eine kleine Meerfrau, aber die Jüngste machte ihres so rund wie die Sonne und hatte nur Blumen, die genauso rot leuchteten. Sie war ein wunderliches Kind, still und nachdenklich, und als die anderen Schwestern ihre Beete mit den absonderlichsten Dingen ausstaffierten, die sie aus gestrandeten Schiffen geholt hatten, da wollte sie außer den rosenroten Blumen, die der Sonne hoch dort oben glichen, nur eine schöne Marmorstatue haben, ein wunderschöner Junge war das, aus dem weißen, klaren Stein gehauen und bei einem Schiffbruch herabgekommen auf den Grund des Meeres. Sie pflanzte bei der Statue eine leuchtend rote Trauerweide, die wuchs prächtig und hing mit ihren frischen Zweigen darüber hin, bis auf den blauen Sandboden hinab, wo sich violett der Schatten malte und in Bewegung war wie die Zweige; es sah aus, als spielten Wipfel und Wurzeln, dass sie einander küssten.

Nichts machte ihr mehr Freude, als von der Menschenwelt dort über ihnen zu hören, die alte Großmutter musste alles erzählen, was sie von Schiffen und Städten wusste, von Menschen und Tieren, und es kam ihr vor allem seltsam schön vor, dass oben auf der Erde die Blumen dufteten, das taten die auf dem Meeresgrund nicht, und dass die Wälder grün waren und die Fische, die man zwischen den Zweigen sah, laut und schön singen konnten, dass es eine Lust war; das waren die kleinen Vögel, die die Großmutter Fische nannte, denn sonst konnten die Kleinen die Geschichte nicht verstehen, weil sie niemals einen Vogel gesehen hatten.

»Wenn ihr fünfzehn Jahre alt werdet«, sagte die Großmutter, »dann sollt ihr die Erlaubnis bekommen, aus dem Meer emporzutauchen, im Mondlicht auf den Felsen zu sitzen und die großen Schiffe vorbeisegeln zu sehen, Wälder und Städte sollt ihr sehen!«

Im folgenden Jahr wurde eine der Schwestern fünfzehn, aber die anderen – ja, die eine war ein Jahr jünger als die andere, die jüngste hatte also noch ganze fünf Jahre, bis sie vom Meeresgrund heraufkommen und sehen durfte, wie es bei uns aussieht. Aber die eine versprach der anderen zu erzählen, was sie am ersten Tag gesehen und am schönsten gefunden hatte; denn ihre Großmutter erzählte ihnen nicht genug, da war so vieles, was sie wissen wollten.

Keine war so voller Sehnsucht wie die Jüngste, ausgerechnet sie, die am längsten zu warten hatte und so still und gedankenvoll war. Manche Nacht stand sie am offenen Fenster und sah hinauf durch das dunkelblaue Wasser, wo die Fische mit ihren Flossen und Schwänzen schlugen. Mond und Sterne konnte sie sehen, zwar schimmerten sie sehr bleich, aber durch das Wasser sahen sie viel größer aus als für unsere Augen; glitt dann etwas wie eine schwarze Wolke darunter hin, dann wusste sie, dass das entweder ein Walfisch war, der über ihr schwamm, oder aber ein Schiff mit vielen Menschen; die dachten gewiss nicht daran, dass eine liebliche kleine Meerfrau unter ihnen stand und ihre weißen Hände nach dem Kiel hinaufreckte.

Nun war also die älteste Prinzessin fünfzehn und durfte hinaufsteigen über die Meeresoberfläche.

Als sie zurückkam, hatte sie hunderterlei zu erzählen, aber am schönsten, sagte sie, war es, im Mondschein auf einer Sandbank in der ruhigen See zu liegen und nahe der Küste die große Stadt zu sehen, wo die Lichter funkelten wie hundert Sterne, die Musik und das Tosen und Lärmen der Wagen und Menschen zu hören, die vielen Kirchen und Turmspitzen zu sehen und zu hören, wie die Glocken läuteten; gerade weil sie nicht dort hinaufkommen konnte, sehnte sie sich am allermeisten nach all dem.

Oh, wie lauschte da die jüngste Schwester, und wenn sie dann später am Abend am offenen Fenster stand und durch das dunkelblaue Wasser hinaufsah, dann dachte sie an die große Stadt mit all ihrem Lärmen und Tosen, und da war es ihr, als könnte sie die Kirchenglocken bis zu sich herab läuten hören.

Im Jahr darauf erhielt die zweite Schwester die Erlaubnis, durch das Wasser emporzusteigen und zu schwimmen, wohin sie wollte. Sie tauchte auf, als die Sonne gerade unterging, und dieser Anblick, fand sie, war das Schönste. Der ganze Himmel hatte ausgesehen wie Gold, sagte sie, und die Wolken, ja, deren Herrlichkeit konnte sie nicht genug beschreiben! rot und violett waren sie über ihr dahingesegelt; aber viel schneller, wie ein langer, weißer Schleier, flog ein Schwarm wilder Schwäne über das Wasser dahin, dort wo die Sonne stand; sie schwamm ihr entgegen, doch die Sonne versank, und der Rosenschimmer auf dem Meer und den Wolken erlosch.

Im Jahr darauf kam die dritte Schwester nach oben, sie war die keckeste von allen, darum schwamm sie den breiten Fluss hinauf, der ins Meer floss. Herrliche grüne Hügel mit Weinranken sah sie, Schlösser und Höfe blickten zwischen prächtigen Wäldern hervor; sie hörte alle Vögel singen, und die Sonne schien so warm, dass sie oft unter Wasser tauchen musste, um ihr brennendes Gesicht zu kühlen. In einer kleinen Bucht traf sie eine ganze Horde kleiner Menschenkinder; ganz nackt liefen sie herum und planschten im Wasser; sie wollte mit ihnen spielen, aber die Kinder liefen erschrocken davon, und dann kam ein kleines schwarzes Tier, das war ein Hund, aber sie hatte nie zuvor einen Hund gesehen; der bellte sie so schrecklich an, dass sie Angst bekam und in die offene See floh, doch niemals konnte sie die prächtigen Wälder vergessen, die grünen Höhen und die niedlichen Kinder, die im Wasser schwimmen konnten, obwohl sie keinen Fischschwanz hatten.

Die vierte Schwester war nicht so keck, sie blieb draußen, mitten auf dem wilden Meer, und erzählte, dass das gerade das Schönste war; man konnte so viele Meilen weit ringsum sehen, und der Himmel stand darüber wie eine große Glasglocke. Schiffe hatte sie gesehen, aber weit in der Ferne, die sahen aus wie große Strandmöwen, die lustigen Delphine hatten Purzelbäume geschlagen, und die großen Walfische hatten Wasser aus den Nasenlöchern gespritzt, dass es ringsum ausgesehen hatte wie hundert Springbrunnen.

Nun kam die Reihe an die fünfte Schwester; ihr Geburtstag war mitten im Winter, und darum sah sie, was die anderen beim ersten Mal nicht gesehen hatten. Die See sah ganz grün aus, und ringsherum schwammen große Eisberge, jeder sah aus wie eine Perle, sagte sie; und war doch viel größer als die Kirchtürme, die die Menschen bauten. In den sonderbarsten Gestalten zeigten sie sich und glitzerten wie Diamanten. Sie hatte sich auf einen der größten gesetzt, und alle Segler kreuzten erschrocken um den Platz herum, wo sie saß und den Wind mit ihrem langen Haar spielen ließ; aber später am Abend bezog sich der Himmel mit Wolken, es blitzte und donnerte, während die schwarze See die großen Eisblöcke hoch emporhob und in den gewaltigen Blitzen aufleuchten ließ. Auf allen Schiffen strich man die Segel, es war eine Angst und ein Grauen, sie aber saß ruhig auf ihrem schwimmenden Eisberg und sah die blauen Blitzstrahlen im Zickzack in die schimmernde See einschlagen.

Beim ersten Mal, wenn eine der Schwestern über das Wasser kam, war jede sofort hingerissen von dem Neuen und Schönen, das sie sah, aber da sie nun, als erwachsene Mädchen, nach oben durften, wann sie wollten, da wurde es ihnen gleichgültig, sie sehnten sich wieder nach ihrem Zuhause, und als ein Monat vorbei war, da sagten sie, unten bei ihnen wäre es doch am allerschönsten, und daheim wäre es doch so heimelig.

Manche Abendstunde fassten die fünf Schwestern einander bei den Händen und stiegen in einer Reihe auf das Wasser hinauf; herrliche Stimmen hatten sie, schöner als irgendein Mensch, und wenn dann ein Sturm heraufzog, so dass sie glauben konnten, die Schiffe müssten kentern, schwammen sie vor den Schiffen her und sangen so herrlich von der Schönheit des Meeresgrundes und beschworen die Seeleute, dass sie keine Angst haben sollten, dort hinunterzukommen; die aber verstanden die Worte nicht, sie glaubten, es wäre der Sturm, und die Herrlichkeit da unten bekamen sie auch nicht zu sehen, denn wenn das Schiff versank, ertranken die Menschen und kamen nur als Tote zum Schloss des Meerkönigs.

Wenn so die Schwestern am Abend, Arm in Arm, durch das Meer hoch hinaufstiegen, dann blieb die kleine Schwester ganz allein zurück und stand da und sah ihnen nach, und es war, als müsste sie weinen, aber eine Meerfrau hat keine Tränen, und darum leidet sie viel mehr.

»Ach, wäre ich doch fünfzehn Jahre alt!«, sagte sie, »ich weiß, ich werde diese Welt da oben und die Menschen, die da leben, von Herzen gernhaben!«

Endlich war sie dann doch fünfzehn Jahre alt geworden.

»Sieh mal an, jetzt bist du uns entwachsen«, sagte ihre Großmutter, die alte Königswitwe. »Komm her, lass dich schmücken, wie ich es mit deinen Schwestern getan habe!«, und sie setzte ihr einen Kranz aus weißen Lilien aufs Haar, aber jedes Blütenblatt war die Hälfte einer Perle; und die Alte ließ acht große Austern sich im Schwanz der Prinzessin festklammern, um ihren hohen Stand zu zeigen.

»Das tut so weh!«, sagte die kleine Meerfrau.

»Ja, man muss leiden können, wenn man schön sein will!«, sagte die Alte.

Oh! sie hätte so gern die ganze Pracht abgeschüttelt und den schweren Kranz weggeworfen, ihre roten Blumen im Garten kleideten sie viel besser, aber daran wagte sie nun nichts mehr zu ändern. »Adieu«, sagte sie und stieg so leicht und klar wie eine Luftblase durch das Wasser hinauf.

Die Sonne war gerade versunken, als sie ihren Kopf aus dem Wasser streckte, aber alle Wolken schimmerten noch wie Rosen und Gold, und inmitten der blassroten Luft leuchtete der Abendstern so klar und schön, die Luft war mild und frisch und das Meer vollkommen windstill. Da lag ein großes Schiff mit drei Masten, ein einziges Segel nur war gesetzt, denn kein Wind rührte sich, und rings im Tauwerk und auf den Stangen saßen Matrosen. Da war Musik und Gesang, und wie der Abend dunkler wurde, wurden nach und nach hundert bunte Lichter angezündet; die sahen aus, als wehten die Fahnen aller Nationen in der Luft. Die kleine Meerfrau schwamm geradewegs zum Kajütenfenster, und jedes Mal wenn das Wasser sie emporhob, konnte sie zu den spiegelklaren Scheiben hineinsehen, wo so viele aufgeputzte Menschen standen, aber der Schönste war doch der junge Prinz mit den großen schwarzen Augen, er war wohl nicht viel älter als sechzehn Jahre, es war sein Geburtstag, und darum wurde all dieser Aufwand betrieben. Die Matrosen tanzten auf Deck, und als der junge

Prinz hinaustrat, stiegen über hundert Raketen in die Luft, die leuchteten wie der helle Tag, so dass die kleine Meerfrau ganz erschrocken ins Wasser hinabtauchte, aber sie steckte sogleich wieder den Kopf hervor, und da war es gerade so, als fielen alle Sterne des Himmels auf sie nieder. Nie hatte sie solche Feuerkünste gesehen. Große Sonnen wirbelten herum, prächtige Feuerfische schwangen sich in der blauen Luft, und alles spiegelte sich in der klaren, ruhigen See. Auf dem Schiff war es so licht, dass man jedes kleine Tau sehen konnte, und die Menschen erst recht. O wie schön der junge Prinz doch war, und er drückte den Leuten die Hände, lachte und lächelte, während die Musik in die herrliche Nacht hinausklang.

Es wurde spät, aber die kleine Meerfrau konnte den Blick nicht vom Schiff abwenden und von dem herrlichen Prinzen. Die bunten Lichter wurden gelöscht, keine Raketen stiegen mehr in die Höhe, es donnerten keine Kanonenschläge mehr, aber tief unten im Meer summte und brummte es; sie saß währenddessen auf dem Wasser und schaukelte auf und nieder, so dass sie in die Kajüte hineinsehen konnte; aber das Schiff nahm stärkere Fahrt auf, ein Segel nach dem anderen blähte sich im Wind, jetzt gingen die Wellen höher, große Wolken zogen auf, es blitzte in weiter Ferne. Oh, das würde ein schreckliches Unwetter geben! darum holten die Matrosen die Segel ein. Das große Schiff schaukelte in fliegender Fahrt auf der wilden See, das Wasser erhob sich wie große schwarze Berge, die über den Mast hereinstürzen wollten, aber das Schiff tauchte wie ein Schwan zwischen den hohen Wogen hinab und ließ sich wieder emportragen auf die turmhohen Wasser. Das war doch eine lustige Fahrt, fand die kleine Meerfrau, aber das fanden die Seeleute nicht, das Schiff knackte und krachte, die dicken Planken bogen sich unter den starken Stößen, die das Meer gegen das Schiff führte, der Mast brach mitten entzwei, als wäre er ein Schilfrohr, und das Schiff schlingerte auf die Seite, während das Wasser in den Innenraum drängte. Jetzt erkannte die kleine Meerfrau, dass sie in Gefahr waren, sie musste sich selbst vor Balken und Trümmern des Schiffes in Acht nehmen, die auf dem Wasser trieben. Für einen Augenblick war es so stockfinster, dass sie nicht das Geringste erkennen konnte, aber wenn es dann blitzte, wurde es wieder so hell, dass sie alle auf dem Schiff erkannte; jeder tummelte sich so gut er konnte; nach dem jungen Prinzen hielt sie vor allem Ausschau, und als das Schiff auseinanderbrach, sah sie ihn hinabsinken in die tiefe See.

Augenblicklich wurde sie ganz vergnügt, denn nun kam er herunter zu ihr, aber dann fiel ihr wieder ein, dass die Menschen im Wasser nicht leben konnten und dass er niemals, außer als Toter, herabkommen konnte in ihres Vaters Schloss. Nein, sterben, das durfte er nicht; darum schwamm sie hin zwischen Balken und Planken, die auf der See trieben, vergaß reinweg, dass die sie hätten zerschmettern können, sie tauchte tief unter das Wasser und stieg wieder hoch empor zwischen den Wogen und gelangte so zuletzt zu dem jungen Prinzen, der in der stürmischen See fast nicht mehr schwimmen konnte, seine Arme und Beine begannen zu ermatten, die schönen Augen schlossen sich, er hätte sterben müssen, wäre nicht die kleine Meerfrau dazugekommen. Sie hielt seinen Kopf übers Wasser und ließ sich so mit ihm zusammen von den Wogen treiben, wohin sie wollten.

Im Morgendämmern war das böse Wetter vorüber; vom Schiff war nicht ein Span zu sehen, die Sonne stieg so rot und strahlend aus dem Wasser auf, es war gerade, als käme dabei neues Leben in die Wangen des Prinzen, aber seine Augen blieben geschlossen; die Meerfrau küsste seine hohe, schöne Stirn und strich sein nasses Haar zurück; sie fand, dass er der Marmorstatue unten in ihrem kleinen Garten glich, sie küsste ihn wieder und wünschte, dass er doch leben möchte.

Nun sah sie vor sich das feste Land, hohe, blaue Berge, auf deren Gipfeln der weiße Schnee glänzte, als lägen dort Schwäne; unten an der Küste waren herrliche grüne Wälder, und davor lag eine Kirche oder ein Kloster, das wusste sie nicht recht, aber ein Bauwerk war es. Zitronen- und Apfelsinenbäume wuchsen in seinem Garten, und vor dem Tor standen hohe Palmen. Die See bildete hier eine kleine Bucht, die war vollkommen still, aber sehr tief, bis heran an den Felsen, wo der weiße, feine Sand aufgespült war; dahin schwamm sie mit dem schönen Prinzen, legte ihn in den Sand und sorgte vor allem dafür, dass der Kopf erhöht lag im warmen Sonnenschein.

Jetzt läuteten die Glocken in dem großen, weißen Gebäude, und es kamen viele junge Mädchen durch den Garten. Da schwamm die kleine Meerfrau weiter hinaus hinter ein paar hohe Steine, die aus dem Wasser ragten, sie legte sich Meerschaum auf ihr Haar und ihre Brust, dass niemand ihr kleines Gesicht sehen konnte, und da gab sie acht, wer wohl herankam zu dem armen Prinzen.

Es dauerte nicht lange, bis ein junges Mädchen kam, sie schien heftig zu erschrecken, aber nur für einen Augenblick, dann holte sie andere Menschen, und die Meerfrau sah, dass Leben in den Prinzen kam und dass er sie alle ringsum anlächelte, aber hinaus zu ihr lächelte er nicht, er wusste ja auch nicht, dass sie ihn gerettet hatte; ihr war so trübe zumute, dass sie, als er nun in das große Gebäude geführt wurde, voll Kummer ins Wasser hinabtauchte und nach Hause eilte in ihres Vaters Schloss.

Immer war sie still und gedankenvoll gewesen, aber nun wurde sie es noch viel mehr. Die Schwestern fragten sie, was sie gesehen hätte beim ersten Mal da oben, doch sie erzählte nichts.

Manchen Abend und Morgen stieg sie hinauf, dorthin, wo sie den Prinzen verlassen hatte. Sie sah, wie die Früchte des Gartens reiften und abgepflückt wurden, sie sah, wie auf den hohen Bergen der Schnee schmolz, aber den Prinzen sah sie nicht, und darum kehrte sie immer noch betrübter heim. Da war es ihr einziger Trost, in dem kleinen Garten zu sitzen und ihre Arme um die schöne Marmorstatue zu schlingen, die dem Prinzen glich, aber um ihre Blumen kümmerte sie sich nicht, und sie wuchsen wie in einer Wildnis hinaus über die Wege und flochten ihre langen Stiele und Blätter in die Zweige des Baums, dass es ganz dunkel war.

Zuletzt konnte sie es nicht länger ertragen und sagte es einer ihrer Schwestern, und so erfuhren es sogleich auch alle anderen, aber sonst niemand, außer ihnen und noch ein paar anderen Meerfrauen, die es aber niemandem weitersagten, abgesehen von ihren engsten Freundinnen. Eine von diesen nun wusste, wer der Prinz war, sie hatte auch den Aufwand gesehen, der auf dem Schiff veranstaltet wurde, wusste, woher er kam und wo sein Königreich lag.

»Komm, kleine Schwester!«, sagten die anderen Prinzessinnen, und die Arme einander um die Schultern gelegt, stiegen sie in einer langen Reihe aus dem Meer herauf – dort wo, wie sie wussten, das Schloss des Prinzen lag.

Es war aus hellgelb leuchtendem Stein gebaut, mit großen Marmortreppen, eine führte gerade ins Meer hinab. Prächtige vergoldete Kuppeln erhoben sich über das Dach, und zwischen den Säulen, die rings um das ganze Gebäude gingen, standen Marmorbilder, die aussahen, als wären sie lebendig. Durch das klare Glas in den hohen Fenstern sah man hinein in die prächtigsten Säle, wo kostbare Seidengardinen und Teppiche hingen und alle Wände mit großen Malereien geschmückt waren, dass es eine Lust war, sie anzusehen. Mitten im größten Saal sprudelte ein großer Springbrunnen, die Strahlen standen hoch hinauf gegen die Glaskuppel in der Decke, durch die das Sonnenlicht auf das Wasser und auf die herrlichen Pflanzen herabfiel, die in dem großen Bassin wuchsen.

Nun wusste sie, wo er wohnte, und manchen Abend und manche Nacht kam sie auf dem Wasser hierher; sie schwamm viel näher ans Land, als jede von den anderen es gewagt hatte, ja sie ging ganz hinauf in den schmalen Kanal, bis unter den prächtigen Marmorbalkon, der einen langen Schatten auf das Wasser warf. Hier saß sie und sah auf den jungen Prinzen, der glaubte, er sei ganz allein im klaren Mondschein.

Sie sah ihn manchen Abend mit Musik in seinem prächtigen Boot ausfahren, auf dem die Fahnen wehten; sie lugte zwischen dem grünen Schilfrohr hervor, und wenn der Wind in ihren langen, silberweißen Schleier griff und es jemand sah, dann dachte er, es sei ein Schwan, der die Flügel ausbreitete.

Sie hörte manche Nacht, wenn die Fischer mit ihren Feuern auf der See lagen, wie sie so viel Gutes von dem jungen Prinzen erzählten, und es freute sie, dass sie ihm das Leben gerettet hatte, als er halbtot auf den Wogen dahintrieb, und sie dachte daran, wie fest sein Kopf an ihrer Brust geruht hatte und wie innig sie ihn da küsste; er wusste gar nichts davon, konnte nicht einmal von ihr träumen.

Immer lieber wurden ihr mit der Zeit die Menschen, immer mehr wünschte sie sich, in ihre Mitte aufsteigen zu können; deren Welt, so schien ihr, war viel größer als ihre eigene; sie konnten ja auf Schiffen über das Meer dahinfliegen, auf die hohen Berge hoch über den Wolken steigen, und die Länder, die sie besaßen, erstreckten sich mit Wald und Feld weiter, als sie sehen konnte. Da war so vieles, was sie wissen wollte, aber die Schwestern wussten nicht auf alles eine Antwort zu geben, darum fragte sie die alte Großmutter, und die verstand sich gut auf die höhere Welt, wie sie die Länder über dem Meer sehr richtig nannte.

»Wenn die Menschen nicht ertrinken«, fragte die kleine Meerfrau, »können sie dann immer leben, sterben sie nicht, wie wir hier unten im Meer?«

»O doch!«, sagte die Alte, »auch sie müssen sterben, und ihre Lebenszeit ist sogar kürzer als unsere. Wir können dreihundert Jahre alt werden, aber wenn wir dann aufhören hier zu sein, dann werden wir nur Schaum auf dem Wasser, dann haben wir nicht einmal ein Grab hier unten unter unseren Lieben. Wir haben keine unsterbliche Seele, uns erwartet nie mehr ein neues Leben, wir sind wie das grüne Schilf, ist es einmal abgeschnitten, kann es nicht wieder grünen! Die Menschen dagegen haben eine Seele, die immer lebt, auch dann, wenn der Leib zu Erde geworden ist; sie steigt auf, hin durch die klare Luft, hinauf zu all den funkelnden Sternen! so wie wir auftauchen aus dem Meer und die Länder der Menschen sehen, so tauchen sie empor zu unbekannten herrlichen Orten, die wir niemals zu sehen bekommen.«

»Warum haben wir keine unsterbliche Seele bekommen?«, sagte die kleine Meerfrau betrübt, »ich würde alle meine hundert Jahre, die ich zu leben habe, dahingeben, um für bloß einen Tag Mensch zu sein und schließlich teilzuhaben an der himmlischen Welt!«

»Daran darfst du nicht einmal denken!«, sagte die Alte, »wir haben es viel glücklicher und besser als die Menschen dort oben!«

»Ich soll also sterben und dahintreiben wie Schaum auf der See, nicht die Musik der Wellen hören, die herrlichen Blumen und die rote Sonne sehen! Kann ich denn gar nichts tun, um eine ewige Seele zu erlangen?«

»Nein!«, sagte die Alte, »nur wenn ein Mensch dich so lieb gewänne, dass du ihm mehr wärest als Vater und Mutter, wenn er mit all seinen Gedanken und seiner Liebe an dir hinge, und ließe den Priester seine rechte Hand in deine legen mit dem Versprechen, dir treu zu sein hier und in alle Ewigkeit, dann würde seine Seele hinüberfließen in deinen Leib, und auch du hättest teil am menschlichen Glück. Er hätte dir eine Seele gegeben und doch seine eigene behalten. Aber das kann niemals geschehen! Was nämlich hier im Meer gerade schön ist, dein Fischschwanz, das finden sie da oben auf der Erde hässlich, sie wissen es nun einmal nicht besser, man muss dort zwei klobige Stümpfe haben, die sie Beine nennen, um schön zu sein!«

Da seufzte die kleine Meerfrau und sah betrübt auf ihren Fischschwanz.

»Lass uns vergnügt sein«, sagte die Alte, »hüpfen und springen wollen wir die dreihundert Jahre lang, die wir zu leben haben, das ist doch genug Zeit, da kann man sich dann umso vergnüglicher ausruhen, wenn man im Grab liegt. Heute Abend soll bei uns Hofball sein!«

Das war auch eine Pracht, wie man sie niemals auf der Erde sieht. Wände und Decke im großen Tanzsaal waren aus dickem, doch klarem Glas. Einige hundert kolossale Muschelschalen, rosenrot und grasgrün, waren an jeder Seite aufgereiht, in denen brannte ein blaues Feuer, das den ganzen Saal erleuchtete und durch die Wände nach draußen schien, so dass die See ringsum leuchtete; man konnte all die zahllosen Fische sehen, große und kleine, die an die Glasmauer heranschwammen, bei manchen schimmerten die Schuppen purpurrot, bei anderen schienen sie aus Silber und Gold zu sein. – Mitten durch den Saal floss ein breiter, rinnender Strom, und darauf tanzten Meermänner und Meerfrauen zu ihrem eigenen herrlichen Gesang. So schöne Stimmen haben die Menschen auf der Erde nicht. Die kleine Meerfrau sang am schönsten von allen, und sie klatschten ihr Beifall, und für einen Augenblick fühlte sie eine Freude in ihrem Herzen; denn sie wusste, sie hatte die schönste Stimme von allen auf Erden und im Meer. Aber bald versank sie doch wieder in Gedanken an die Welt dort oben über ihr; sie konnte den schönen Prinzen nicht vergessen und ihre Trauer, dass sie nicht, wie er, eine unsterbliche Seele besaß. Darum schlich sie sich aus dem Schloss ihres Vaters, und während drinnen alles Gesang und Ausgelassenheit war, saß sie betrübt in ihrem kleinen Garten.

Da hörte sie von fern Waldhörner durch das Wasser klingen, und sie dachte: »Jetzt segelt er wohl da oben, er, den ich lieber habe als Vater und Mutter, er, an dem all mein Denken hängt und in dessen Hand ich mein Lebensglück legen würde. Alles will ich wagen, um ihn zu gewinnen und eine unsterbliche Seele! Während meine Schwestern drinnen im Schloss meines Vaters tanzen, will ich zur Meerhexe gehen, zu ihr, vor der ich immer solche Angst gehabt habe, aber sie weiß vielleicht Rat und Hilfe!«

Nun ging die kleine Meerfrau aus ihrem Garten hinaus und fort zu den brausenden Mahlströmen, hinter denen die Hexe wohnte. Diesen Weg war sie nie zuvor gegangen, hier wuchsen keine Blumen, kein Seegras, nur der nackte, graue Sandboden dehnte sich bis zu den Strudeln, die wie brausende Mühlräder herumwirbelten und alles, was sie zu fassen bekamen, mit sich in die Tiefe rissen; mitten durch diese malmenden Wirbel musste sie gehen, um in den Bezirk der Meerhexe zu gelangen, und hier war über eine lange Strecke kein anderer Weg als über warmen blubbernden Schlamm, den nannte die Hexe ihr Torfmoor. Dahinter lag ihr Haus inmitten eines seltsamen Waldes. Alle Bäume und Büsche waren Polypen, halb Tier und halb Pflanze, sie sahen aus wie hundertköpfige Schlangen, die aus der Erde wuchsen; alle Zweige waren lange, schleimige Arme, mit Fingern wie biegsame Würmer, und Glied für Glied bewegten sie sich von der Wurzel bis in die äußerste Spitze. Um alles, was sie im Wasser greifen konnten, schlangen sie sich herum und ließen es nie mehr loskommen. Die kleine Meerfrau erschrak sehr, als sie vor ihnen stand; ihr Herz schlug vor Angst, beinahe wäre sie umgekehrt, aber dann dachte sie an den Prinzen und an die Seele des Menschen, und da fasste sie Mut. Ihr langes, flatterndes Haar band sie fest um den Kopf, damit die Polypen sie nicht dabei ergreifen sollten, die beiden Hände legte sie über ihrer Brust zusammen und flog so davon, wie ein Fisch durchs Wasser fliegen kann, mitten zwischen die hässlichen Polypen, die ihre biegsamen Arme und Finger nach ihr ausstreckten. Sie sah, wie jeder von ihnen etwas hielt, das er gepackt hatte, hundert kleine Arme umschlossen es wie starke Eisenbänder. Menschen, die auf See umgekommen und in die Tiefe gesunken waren, lugten als weiße Gerippe aus den Armen der Polypen hervor. Schiffsruder und Kisten hielten sie fest, Skelette von Landtieren und eine kleine Meerfrau, die sie gefangen und erwürgt hatten, das war für sie beinahe das Schrecklichste.

Nun gelangte sie zu einem großen, schleimigen Platz im Wald, wo sich große, fette Wasserschlangen wälzten und ihre ekelhaften weißgelben Wänste zeigten. Mitten auf dem Platz war ein Haus aus den Knochen gestrandeter Menschen errichtet; da saß die Meerhexe und ließ aus ihrem Mund eine Kröte essen, so wie die Menschen einen kleinen Kanarienvogel Zucker essen lassen. Die hässlichen, fetten Wasserschlangen nannte sie ihre kleinen Küken und ließ sie sich auf ihrer großen, schwammigen Brust wälzen.

»Ich weiß schon, was du willst!«, sagte die Meerhexe, »das ist schön dumm von dir! trotzdem sollst du deinen Willen haben, denn er wird dich ins Unglück stürzen, mein reizendes Prinzesschen. Du willst gern deinen Fischschwanz loswerden und stattdessen zwei Stümpfe haben, auf denen du gehen kannst wie die Menschen, damit der junge Prinz sich in dich verlieben kann und du ihn kriegst und eine unsterbliche Seele dazu!« Dabei lachte die Hexe auf einmal so laut und grässlich, dass die Kröte und die Schlangen auf die Erde fielen und sich dort wälzten. »Du kommst gerade zur rechten Zeit«, sagte die Hexe, »morgen, wenn die Sonne aufgeht, könnte ich dir nicht mehr helfen, ehe wieder ein Jahr vergangen ist. Ich werde dir einen Trank brauen, mit dem sollst du, bevor die Sonne aufgeht, an Land schwimmen, dich dort auf den Strand setzen und ihn trinken, da teilt sich dein Schwanz und schrumpft zu dem ein, was die Menschen hübsche Beine nennen, aber das schmerzt, das wird sein, als ginge ein scharfes Schwert durch dich hindurch! Alle, die dich sehen, werden sagen, du seiest das herrlichste Menschenkind, das sie je gesehen haben! Du behältst deinen schwebenden Gang, keine Tänzerin kann schweben wie du, aber jeder Schritt, den du tust, wird sein, als trätest du auf ein scharfes Messer, dass dein Blut fließen muss. Willst du all das erleiden, und soll ich dir also helfen?«

»Ja!«, sagte die kleine Meerfrau mit zitternder Stimme und dachte an den Prinzen und an die unsterbliche Seele, die sie erlangen wollte.

»Aber denk daran«, sagte die Hexe, »hast du erst menschliche Gestalt angenommen, dann kannst du nie wieder eine Meerfrau werden! Du kannst nie durch das Wasser hinabsteigen zu deinen Schwestern und dem Schloss deines Vaters, und gewinnst du nicht die Liebe des Prinzen, so dass er für dich Vater und Mutter vergisst, mit all seinem Denken an dir hängt und den Priester eure Hände ineinanderlegen lässt, dass ihr Mann und Frau werdet, dann bekommst du keine unsterbliche Seele! am ersten Morgen, nachdem er eine andere geheiratet hat, da muss dein Herz brechen, und du wirst zu Schaum auf dem Wasser.«

»Ich will es!«, sagte die kleine Meerfrau und war so bleich wie der Tod.

»Aber mich musst du auch bezahlen!«, sagte die Hexe, »und es ist nicht wenig, was ich verlange. Du hast die herrlichste Stimme von allen hier unten auf dem Meeresgrund, damit, glaubst du wohl, wirst du ihn verzaubern, aber diese Stimme sollst du mir geben. Das Beste, was du besitzt, will ich haben für meinen kostbaren Trank! mein eigenes Blut muss ich dir ja da hineingeben, damit der Trank scharf wird wie ein zweischneidiges Schwert!«

»Aber wenn du mir meine Stimme nimmst«, sagte die kleine Meerfrau, »was bleibt mir da!«

»Deine herrliche Gestalt«, sagte die Hexe, »dein schwebender Gang und deine sprechenden Augen, damit kannst du immer noch ein Menschenherz betören. Nanu, hast du den Mut verloren! streck deine kleine Zunge heraus, so schneide ich sie ab, als Bezahlung, und du sollst den kräftigen Trank bekommen!«

»Es geschehe!«, sagte die kleine Meerfrau, und die Hexe setzte ihren Kessel auf, um den Zaubertrank zu kochen. »Reinlichkeit ist eine gute Sache!«, sagte sie und scheuerte den Kessel mit den Schlangen aus, die sie zu einem Knäuel zusammenband, nun ritzte sie sich selbst die Brust und ließ ihr schwarzes Blut herabtropfen, der Dampf bildete die seltsamsten Gestalten, dass einem angst und bange werden musste. Jeden Augenblick schüttete die Hexe neue Dinge in den Kessel, und als es richtig kochte, da war es, wie wenn Krokodile weinen. Schließlich war der Trank fertig, er sah aus wie das klarste Wasser!

»Da hast du ihn!«, sagte die Hexe und schnitt der kleinen Meerfrau die Zunge ab, so dass sie nun stumm war, weder singen noch sprechen konnte.

»Falls die Polypen dich packen sollten, wenn du durch

meinen Wald zurückgehst«, sagte die Hexe, »dann spritz nur einen einzigen Tropfen von diesem Trank auf sie, dann zerspringen ihre Arme und Finger in tausend Stücke!«, aber das brauchte die kleine Meerfrau gar nicht, die Polypen zogen sich erschrocken vor ihr zurück, als sie den schimmernden Trank sahen, der in ihrer Hand leuchtete, als wäre es ein funkelnder Stern.

So gelangte sie rasch durch den Wald, über das Moor und die brausenden Mahlströme.

Sie konnte das Schloss ihres Vaters sehen; die Fackeln im großen Tanzsaal waren erloschen; jetzt schliefen wohl alle da drinnen, aber sie wagte doch nicht, nach ihnen zu sehen, jetzt da sie stumm war und für immer von ihnen fortgehen wollte. Es war, als sollte ihr kleines Herz entzweigehen vor Trauer. Sie schlich sich in den Garten, pflückte je eine Blume aus den Blumenbeeten ihrer Schwestern, warf mit der Hand tausend Küsse nach dem Schloss und stieg hinauf durch die dunkelblaue See.

Die Sonne war noch nicht hervorgekommen, als sie das Schloss des Prinzen erblickte und die prächtige Marmortreppe erstieg. Der Mond schien herrlich klar. Die kleine Meerfrau trank den brennend scharfen Trank, und es war, als ginge ein zweischneidiges Schwert durch ihren feinen Leib, sie wurde ohnmächtig davon und lag da wie tot. Als die Sonne auf das Meer schien, erwachte sie, und sie fühlte einen brennenden Schmerz, aber gerade vor ihr stand der herrliche junge Prinz, er heftete seine kohlschwarzen Augen auf sie, dass sie die ihren niederschlug und sah, dass ihr Fischschwanz verschwunden war und dass sie die hübschesten kleinen, weißen Beine hatte, die ein Mädchen nur haben konnte, aber sie war ganz nackt, darum hüllte sie sich in ihr dichtes, langes Haar. Der Prinz fragte, wer sie sei und wie sie hierhergekommen wäre, und sie sah ihn so sanft und doch so betrübt an mit ihren dunkelblauen Augen, sprechen konnte sie ja nicht. Da nahm er sie bei der Hand und führte sie in sein Schloss. Bei jedem Schritt, den sie tat, war es, wie die Hexe es ihr vorhergesagt hatte, als träte sie auf spitze Nadeln und scharfe Messer, aber das ertrug sie gern; an der Hand des Prinzen stieg sie leicht wie eine Luftblase hinauf, und er und alle wunderten sich über ihren anmutig schwebenden Gang.

Sie wurde in kostbare Kleider aus Seide und Musselin gekleidet, im Schloss war sie die Schönste von allen, aber sie war stumm, konnte weder singen noch sprechen. Prächtige Sklavinnen, gekleidet in Seide und Gold, traten vor und sangen für den Prinzen und seine königlichen Eltern; eine sang schöner als alle anderen und der Prinz klatschte in die Hände und lächelte ihr zu, da wurde die kleine Meerfrau betrübt, sie wusste, dass sie selbst viel schöner gesungen hätte; sie dachte: »O wenn er doch nur wüsste, dass ich, um bei ihm zu sein, meine Stimme dahingegeben habe für alle Ewigkeit!«

Nun tanzten die Sklavinnen in anmutigen, schwebenden Tänzen zu der herrlichsten Musik, da reckte die kleine Meerfrau ihre schönen weißen Arme, erhob sich auf die Zehenspitzen und schwebte über den Boden hin, tanzte, wie noch niemand getanzt hatte; mit jeder Bewegung wurde ihre Schönheit noch deutlicher sichtbar, und ihre Augen sprachen tiefer zum Herzen als der Gesang der Sklavinnen.

Alle waren hingerissen, vor allem der Prinz, der sie sein kleines Findelkind nannte, und sie tanzte weiter und weiter, obwohl es doch jedes Mal, wenn ihr Fuß die Erde berührte, war, als träte sie auf scharfe Messer. Der Prinz sagte, sie solle immer bei ihm sein, und sie bekam die Erlaubnis, draußen vor seiner Tür auf einem Samtkissen zu schlafen.

Er ließ ihr Männerkleidung schneidern, damit sie ihn zu Pferde begleiten konnte. Sie ritten durch die duftenden Wälder, wo die grünen Zweige ihr auf die Schultern klopften und die kleinen Vögel hinter den frischen Blättern sangen. Sie kletterte mit dem Prinzen die hohen Berge hinauf, und obwohl ihre zarten Füße bluteten, dass die anderen es sehen konnten, lachte sie doch darüber und folgte ihm, bis sie die Wolken unter sich segeln sahen, als wäre es ein Vogelschwarm, der in fremde Länder zog.

Zu Hause im Schloss des Prinzen, nachts, wenn die andern schliefen, ging sie die breite Marmortreppe hinab und kühlte ihre brennenden Füße im kalten Meerwasser, und dann dachte sie an die dort unten in der Tiefe.

Eines Nachts kamen ihre Schwestern Arm in Arm, sie sangen so traurig, als sie durchs Wasser schwammen, und die kleine Meerfrau winkte ihnen zu, und sie erkannten die Schwester und erzählten, wie viel Kummer sie ihnen allen machte. Von nun an kamen sie jede Nacht zu Besuch, und einmal sah sie, weit draußen, die alte Großmutter, die seit vielen Jahren nicht mehr auf dem Meer gewesen war, und den Meerkönig mit seiner Krone auf dem Kopf; sie streckten ihr die Hände entgegen, wagten sich aber nicht so nah ans Land wie die Schwestern.

Tag für Tag wuchs sie dem Prinzen mehr ans Herz, er hatte sie so lieb, wie man ein gutes, liebes Kind liebhat, aber sie zu seiner Königin zu machen, das fiel ihm gar nicht ein, und seine Frau musste sie werden, denn sonst bekam sie keine unsterbliche Seele, sondern würde an seinem Hochzeitsmorgen zu Schaum auf der See.

»Hast du mich nicht am liebsten von ihnen allen?«, schienen die Augen der kleinen Meerfrau zu sagen, wenn er sie in seine Arme nahm und ihre hübsche Stirn küsste.

»Doch, du bist mir am liebsten«, sagte der Prinz, »denn du hast das beste Herz von ihnen allen, keine ist mir so zugetan, und du ähnelst einem jungen Mädchen, das ich einmal sah, aber gewiss nie mehr finden werde. Ich war auf einem Schiff, das strandete, die Wellen trieben mich bei einem heiligen Tempel an Land, wo einige junge Mädchen Dienst taten, die jüngste fand mich am Strand und rettete mir das Leben, ich sah sie nur zweimal; sie wäre die Einzige, die ich in dieser Welt lieben könnte, aber du siehst ihr ähnlich, du verdrängst beinahe ihr Bild in meiner Seele; sie gehört dem heiligen Tempel an, und darum hat mein gütiges Glück mir dich gesandt, niemals wollen wir uns trennen!« – »Ach, er weiß nicht, dass ich ihm das Leben gerettet habe!«, dachte die kleine Meerfrau, »ich trug ihn über die See bis zum Wald, wo der Tempel steht, ich saß hinter der Gischt und hielt Ausschau, ob nicht Menschen kommen würden. Ich sah das schöne Mädchen, das er lieber hat als mich!«, und die Meerfrau seufzte tief, weinen konnte sie nicht. »Das Mädchen gehört dem heiligen Tempel an, hat er gesagt, sie kommt niemals hinaus in die Welt, sie begegnen sich nicht mehr, ich bin bei ihm, sehe ihn jeden Tag, ich will ihn pflegen, ihn lieben, ihm mein Leben opfern!«

Aber nun soll der Prinz heiraten und die wunderschöne Tochter des Nachbarkönigs zur Frau haben, erzählte man, daher kommt es, dass er so ein prächtiges Schiff ausrüstet. Der Prinz reist, um die Länder des Nachbarkönigs zu sehen, heißt es wohl, aber es geschieht, um die Tochter des Nachbarkönigs zu sehen, ein großes Gefolge wird er bei sich haben; doch die kleine Meerfrau schüttelte den Kopf und lachte; sie kannte die Gedanken des Prinzen viel besser als all die anderen. »Ich muss auf Reisen gehen!«, hatte er zu ihr gesagt, »ich muss die schöne Prinzessin sehen, meine Eltern verlangen es so, aber mich zwingen, sie als meine Braut heimzuführen, das wollen sie nicht tun; ich kann sie nicht lieben! sie sieht nicht aus wie das schöne Mädchen im Tempel, dem du ähnelst; sollte ich einmal eine Braut wählen, dann wärst es viel eher du, mein stummes Findelkind mit den sprechenden Augen!«, und er küsste ihren roten Mund, spielte mit ihrem langen Haar und legte seinen Kopf an ihr Herz, dass es von Menschenglück träumte und von einer unsterblichen Seele.

»Du bist vor dem Meer doch nicht bange, mein stummes Kind!«, sagte er, als sie auf dem prächtigen Schiff standen, das ihn zum Land des Nachbarkönigs führen sollte; und er erzählte ihr von Sturm und Meeresstille, von seltsamen Fischen in der Tiefe und dem, was der Taucher da gesehen hatte, und sie lächelte bei seiner Erzählung, sie wusste ja besser über den Meeresgrund Bescheid als jeder andere.

In der mondklaren Nacht, wenn sie alle schliefen, bis auf den Steuermann, der am Ruder stand, saß sie an der Reling des Schiffes und starrte hinab durch das klare Wasser, und sie glaubte das Schloss ihres Vaters zu sehen; ganz oben darauf stand die alte Großmutter mit der Silberkrone auf dem Kopf und starrte durch die reißenden Ströme zum Kiel des Schiffs hinauf. Da kamen ihre Schwestern an die Wasseroberfläche, starrten sie traurig an und rangen die weißen Hände, sie winkte ihnen zu, lächelte und wollte erzählen, dass es ihr in allem wohl ergehe, aber der Schiffsjunge kam zu ihr herüber, und die Schwestern tauchten weg, so dass er in dem Glauben blieb, das Weiße, das er gesehen hatte, sei Schaum auf der See gewesen.

Am nächsten Morgen segelte das Schiff in den Hafen nahe der prächtigen Stadt des Nachbarkönigs ein. Alle Kirchenglocken läuteten, und von den hohen Türmen wurden Posaunen geblasen, während die Soldaten mit wehenden Fahnen und blitzenden Bajonetten paradierten. Jeden Tag gab es ein Fest. Ball und Gesellschaft folgten aufeinander, aber die Prinzessin war noch nicht da, sie wurde weit entfernt in einem heiligen Tempel erzogen, sagte man, dort lernte sie alle königlichen Tugenden. Endlich traf sie ein.

Die kleine Meerfrau stand da, begierig, ihre Schönheit zu sehen, und sie musste gestehen, dass sie niemals eine lieblichere Gestalt gesehen hatte. Die Haut war so fein und rein, und unter den langen, dunklen Wimpern lächelte ein Paar schwarzblauer, treuer Augen.

»Du bist es!«, sagte der Prinz, »du, die mich gerettet hat, als ich wie ein Leichnam an der Küste lag!«, und er nahm seine errötende Braut in die Arme. »O ich bin überglücklich!«, sagte er zu der kleinen Meerfrau. »Das Beste, das, was ich nie zu hoffen wagte, ist mir in Erfüllung gegangen. Du wirst dich an meinem Glück freuen, denn du hast mich doch am liebsten von ihnen allen!« Und die kleine Meerfrau küsste seine Hand, und es war ihr, als fühlte sie ihr Herz zerbrechen. Sein Hochzeitsmorgen würde ihr ja den Tod bringen und sie in Schaum auf der See verwandeln.

Alle Kirchenglocken läuteten, die Herolde ritten durch die Straßen und verkündeten die Verlobung. Auf allen Altären brannten duftende Öle in kostbaren Silberlampen.

Die Priester schwenkten Räuchergefäße, und Braut und Bräutigam reichten einander die Hand und empfingen die Weihe des Bischofs. Die kleine Meerfrau stand in Seide und Gold und hielt der Braut die Schleppe, aber ihre Ohren hörten nicht die festliche Musik, ihre Augen sahen nicht die heilige Zeremonie, sie dachte an ihre Todesnacht, an alles, was sie in dieser Welt verloren hatte.

Noch am selben Abend gingen Braut und Bräutigam an Bord des Schiffes, die Kanonen donnerten, alle Fahnen wehten, und mitten auf dem Schiff war ein königliches Zelt aus Gold und Purpur und mit den herrlichsten Polstern errichtet, da sollte das Brautpaar schlafen in der stillen, kühlen Nacht.

Die Segel schwellten im Wind, und das Schilf glitt leicht und ohne große Bewegung über die klare See dahin.

Als es dunkelte, wurden bunte Lampen angezündet, und die Seeleute tanzten lustige Tänze an Deck. Die kleine Meerfrau musste daran denken, wie sie zum ersten Mal aus dem Meer emporgetaucht war und dieselbe Pracht und Freude gesehen hatte, und sie wirbelte mit im Tanz, schwebend, wie die Schwalbe schwebt, wenn sie verfolgt wird, und alle jubelten ihr Bewunderung zu, niemals hatte sie so herrlich getanzt; es schnitt wie scharfe Messer in die zarten Füße, aber sie fühlte es nicht; schmerzhafter schnitt es ihr ins Herz. Sie wusste, es war der letzte Abend, an dem sie ihn sah, für den sie ihr Geschlecht und ihr Zuhause verlassen, ihre herrliche Stimme dahingegeben und täglich unendliche Qualen erlitten hatte, ohne dass er etwas davon ahnte. Es war die letzte Nacht, in der sie dieselbe Luft atmete wie er, das tiefe Meer sah und den sternblauen Himmel; eine ewige Nacht ohne Gedanke und Traum erwartete sie, die keine Seele hatte, keine gewinnen konnte. Und alles war Freude und Ausgelassenheit auf dem Schiff bis weit nach Mitternacht, sie lachte und tanzte mit dem Todesgedanken in ihrem Herzen. Der Prinz küsste seine wunderschöne Braut, und sie spielte mit seinem schwarzen Haar, und Arm in Arm legten sie sich auf ihr Lager in dem prächtigen Zelt.

Es wurde still und ruhig auf dem Schiff, nur der Steuermann stand am Ruder, die kleine Meerfrau legte ihre Arme auf die Reling und blickte gen Osten nach der Morgenröte, der erste Sonnenstrahl, wusste sie, würde sie töten. Da sah sie ihre Schwestern aus dem Meer aufsteigen, sie waren bleich wie sie selbst; ihr langes, schönes Haar flatterte nicht mehr im Wind, es war abgeschnitten.

»Wir haben es der Hexe gegeben, damit sie dir Hilfe bringt, dass du diese Nacht nicht sterben musst! Sie hat uns ein Messer gegeben, hier ist es! siehst du wie scharf? Bevor die Sonne aufgeht, musst du es dem Prinzen ins Herz stechen, und wenn da sein warmes Blut auf deine Füße spritzt, dann wachsen sie zusammen zu einem Fischschwanz, und du wirst wieder eine Meerfrau, kannst wieder ins Wasser herabsteigen zu uns und deine dreihundert Jahre leben, bevor du toter, salziger Meerschaum wirst. Beeil dich! er oder du, einer von euch muss sterben, bevor die Sonne aufgeht! unsere alte Großmutter trauert so sehr, dass ihr weißes Haar ausgefallen ist, wie unseres unter der Schere der Hexe fiel. Töte den Prinzen und komm zurück! Beeil dich, siehst du den roten Streifen am Himmel? In ein paar Minuten steigt die Sonne empor, und dann musst du sterben!«, und sie stießen einen seltsam tiefen Seufzer aus und sanken in die Flut.

Die kleine Meerfrau schlug den Purpurvorhang vom Zelt zurück, und da sah sie die wunderschöne Braut schlafen, den Kopf an der Brust des Prinzen, und sie neigte sich zu ihm, küsste ihn auf seine schöne Stirn, sah zum Himmel, wo die Morgenröte heller und heller leuchtete, sah auf das scharfe Messer und richtete wieder den Blick auf den Prinzen, der im Traum seine Braut beim Namen nannte, nur sie war in seinen Gedanken, und das Messer zitterte in der Hand der Meerfrau – aber da warf sie es weit hinaus in die Wellen, die schimmerten rot, da wo es niederfiel, es sah aus, als ob Blutstropfen aus dem Wasser quollen. Ein letztes Mal sah sie den Prinzen mit halb gebrochenem Blick an, stürzte sich vom Schiff hinab ins Meer, und sie fühlte, wie ihr Leib sich in Schaum auflöste.

Nun stieg die Sonne aus dem Meer empor, die Strahlen fielen so mild und warm auf den todeskalten Meerschaum, und die kleine Meerfrau spürte den Tod nicht, sie sah die klare Sonne, und über ihr schwebten hundert durchsichtige, herrliche Geschöpfe; sie konnte durch sie hindurch die weißen Segel des Schiffes und die roten Wolken des Himmels sehen, ihre Stimme war Melodie, aber so geistig, dass kein menschliches Ohr sie hören konnte, ebenso wie kein irdisches Auge sie sehen konnte; ohne Flügel schwebten sie allein durch ihre Leichtigkeit in der Luft. Die kleine Meerfrau sah, dass sie einen Leib wie jene hatte, der hob sich höher und höher aus dem Schaum.

»Zu wem komme ich?«, sagte sie, und ihre Stimme klang wie die der anderen Wesen, so geistig, dass keine irdische Musik es wiedergeben kann.

»Zu den Töchtern der Luft!«, antworteten die anderen. »Eine Meerfrau hat keine unsterbliche Seele, kann sie niemals bekommen, es sei denn, sie gewinnt die Liebe eines Menschen! von einer fremden Macht hängt ihr ewiges Dasein ab. Die Töchter der Luft haben auch keine ewige Seele, aber sie können sich durch gute Taten selber eine schaffen. Wir fliegen nach den warmen Ländern, wo die warme Pestluft die Menschen tötet; da fächeln wir Kühlung zu. Wir verbreiten den Duft der Blumen in der Luft und schicken Erquickung und Heilung. Wenn wir dreihundert Jahre lang danach gestrebt haben, all das Gute zu tun, das wir vermögen, dann bekommen wir eine unsterbliche Seele und haben teil am ewigen Glück der Menschen. Du arme kleine Meerfrau hast mit deinem ganzen Herzen nach demselben Ziel gestrebt wie wir, du hast gelitten und erduldet, hast dich erhoben ins Reich der Luftgeister, nun kannst du dir selbst durch gute Taten in dreihundert Jahren eine unsterbliche Seele schaffen.«

Und die kleine Meerfrau hob ihre durchsichtigen Arme auf zu Gottes Sonne, und zum ersten Mal spürte sie Tränen. – Auf dem Schiff war wieder Lärm und Leben, sie sah den Prinzen mit seiner schönen Braut nach ihr suchen, wehmütig starrten sie in die aufgewühlte Gischt, als wüssten sie, dass sie sich in die Fluten gestürzt hatte. Unsichtbar küsste sie die Stirn der Braut, lächelte ihn an und stieg mit den anderen Luftkindern hinauf zu der rosenroten Wolke, die in der Luft segelte.

»In dreihundert Jahren schweben wir so hinein in Gottes Reich!«

»Auch früher könnten wir dorthin gelangen!«, flüsterte eine. »Unsichtbar schweben wir hinein in die Häuser der Menschen, dahin wo Kinder sind, und für jeden Tag, an dem wir ein gutes Kind finden, das seinen Eltern Freude macht und das ihre Liebe verdient, verkürzt Gott unsere Probezeit. Das Kind merkt es nicht, wenn wir durchs Zimmer fliegen, und wenn wir dann vor Freude lächeln, dann wird ein Jahr von den dreihundert fortgenommen, aber wenn wir ein unartiges oder böses Kind sehen, dann müssen wir Tränen der Trauer weinen, und jede Träne verlängert unsere Probezeit um einen Tag!« –

Die neuen Kleider des Kaisers

Vor vielen Jahren lebte ein Kaiser, der schwärmte so maßlos für schöne neue Kleider, dass er sein ganzes Geld ausgab, um nur recht geschmückt zu sein. Er kümmerte sich nicht um seine Soldaten, kümmerte sich nicht um Komödie oder Kutschfahrten, es sei denn um seine neuen Kleider zu zeigen. Er hatte einen besonderen Rock für jede Stunde des Tages, und wie man von einem König sagt: er ist im Rat, so pflegte man hier zu sagen: »Der Kaiser ist in der Garderobe!« –

In der großen Stadt, in der er wohnte, ging es sehr vergnüglich zu, jeden Tag kamen viele Fremde, eines Tages kamen zwei Betrüger; die gaben sich für Weber aus und sagten, sie verstünden den herrlichsten Stoff zu weben, den man sich denken konnte. Nicht allein die Farbe und die Muster seien von ungewöhnlicher Schönheit, auch hätten die Kleider, die man aus diesem Stoff webte, die wundersame Eigenschaft, dass sie für jeden Menschen unsichtbar blieben, der nicht für sein Amt tauge oder überhaupt unerlaubt dumm wäre.

»Das sind ja ein paar herrliche Kleider«, dachte der Kaiser; »hätte ich die an, könnte ich dahinterkommen, welche Männer in meinem Reich nicht zu dem Amt taugen, das sie haben, ich kann die Klugen von den Dummen unterscheiden! ja diesen Stoff muss ich mir sofort weben lassen!«, und er gab den beiden Betrügern viel Geld auf die Hand, damit sie gleich mit ihrer Arbeit anfingen.

Die bauten auch zwei Webstühle auf, taten, als seien sie bei der Arbeit, aber sie hatten nicht das Geringste auf dem Webrahmen. Kurzerhand verlangten sie die feinste Seide und das prächtigste Gold; das steckten sie in die eigene Tasche und arbeiteten mit dem leeren Webrahmen, und das bis tief hinein in die Nacht.

»Nun möcht' ich doch gern wissen, wie weit die mit ihrem Stoff sind!«, dachte der Kaiser, aber ihm war so richtig ein bisschen wunderlich ums Herz bei dem Gedanken, dass derjenige, der dumm war, oder gar nicht in sein Amt passte, ihn nicht sehen konnte, aber nun glaubte er doch, dass er für sich selber keine Angst zu haben brauchte, aber er wollte doch zuerst jemanden vorschicken, um zu sehen, wie die Dinge standen. Alle Menschen in der ganzen Stadt wussten, welche wunderliche Kraft der Stoff hatte, und alle waren begierig zu sehen, wie schlecht oder dumm der eigene Nachbar war.

»Ich will meinen alten ehrlichen Minister zu den Webern schicken!«, dachte der Kaiser, »er kann am besten sehen, wie der Stoff sich ausnimmt, und er besitzt Verstand, und keiner passt besser in sein Amt als er!« –

Nun ging der alte ehrbare Minister in den Saal, in dem die Betrüger saßen und an den leeren Webrahmen arbeiteten. »Gott steh' uns bei!,« dachte der alte Minister und riss die Augen auf!, »ich kann ja gar nichts sehen!« Aber das sagte er nicht.

Beide Betrüger baten ihn, doch freundlicherweise näherzutreten, und fragten, ob das nicht ein schönes Muster und herrliche Farben wären. Dann zeigten sie auf den leeren Webstuhl, und der arme alte Minister riss in einem fort die Augen auf, aber er konnte nichts sehen, denn da war rein gar nichts. »Herr im Himmel!«, dachte er, »sollte ich dumm sein! Das habe ich nie gedacht, und das darf kein Mensch wissen! sollte ich nicht für mein Amt taugen? Nein das ist unmöglich, dass ich erzähle, ich könnte den Stoff nicht sehen!«

»Na, Sie sagen ja gar nichts dazu!«, sagte der eine, der da webte!

»O das ist reizend! ganz allerliebst!«, sagte der alte Minister und blickte durch seine Brille, »dieses Muster und diese Farben! – ja, ich werde dem Kaiser sagen, dass es mir besonders gut gefällt!«

»Na das ist uns ein Vergnügen!«, sagten beide Weber, und nun nannten sie die Farben beim Namen, und die wundersamen Muster auch. Der alte Minister hörte gut zu, damit er dasselbe sagen könnte, wenn er zum Kaiser nach Hause käme, und das tat er auch.

Nun verlangten die Betrüger mehr Geld, mehr Seide und Gold, das würden sie alles für die Weberei brauchen. Sie steckten alles in die eigene Tasche, auf den Webstuhl gelangte nicht ein einziges Fädchen, aber sie webten weiter, wie vorher, auf dem leeren Webstuhl.

Der Kaiser schickte bald einen anderen rechtschaffenen Beamten hin, um zu sehen, wie es mit der Weberei ginge, und ob der Stoff bald fertig wäre. Es erging ihm wie dem anderen, er sah hin und sah hin, aber weil nichts da war als die leeren Webstühle, konnte er gar nichts sehen.

»Ja, ist das nicht ein schönes Stückchen Stoff!«, sagten beide Betrüger und zeigten und erklärten das herrliche Muster, das überhaupt nicht da war.

»Dumm bin ich nicht!«, dachte der Mann, »also ist es mein gutes Amt, zu dem ich nicht tauge? Das wäre ja lächerlich! aber das darf man sich jedenfalls nicht anmerken lassen!«, und dann rühmte er den Stoff, den er nicht sah, und beteuerte ihnen seine Freude über die schöne Kolorierung und das herrliche Muster. »Ja es ist ganz allerliebst!«, sagte er zum Kaiser.

Alle Menschen in der Stadt redeten von dem prächtigen Stoff.

Nun wollte der Kaiser selbst ihn sehen, solange er noch auf dem Webstuhl war. Mit einer ganzen Schar ausgewählter Männer, unter denen auch die beiden alten ehrbaren Beamten waren, die vorher da gewesen waren, begab er sich zu den beiden listigen Betrügern; die webten nun mit aller Kraft, aber ohne jedes Fitzchen oder Fädchen.

»Ja ist das nicht schlechthin *magnifique*!«, sagten die beiden ehrbaren Beamten. »Belieben Ihre Majestät zu sehen, welch ein Muster, welche Farben!«, und dann zeigten sie auf den leeren Webstuhl, denn sie meinten, die anderen könnten den Stoff natürlich sehen.

»Was ist das!«, dachte der Kaiser, »ich sehe gar nichts! das ist ja entsetzlich! bin ich dumm? tauge ich nicht dazu, Kaiser zu sein? Das wäre das Schrecklichste, was mir passieren könnte!« »O das ist sehr schön!«, sagte der Kaiser, »es hat meinen allerhöchsten Beifall!«, und er nickte zufrieden und betrachtete den leeren Webstuhl; er wollte nicht sagen, dass er gar nichts sehen könne. Das ganze Gefolge, das er dabeihatte, sah hin und sah hin und hatte doch nicht mehr davon als all die anderen, aber sie sagten gerade wie der Kaiser: »O das ist sehr schön!«, und sie rieten ihm, diese neuen, prächtigen Kleider zum ersten Mal bei der großen Prozession anzulegen, die bald stattfinden sollte. »Das ist *magnifique*! bezaubernd, exzellent!«, ging es von Mund zu Mund, und man war darüber allerseits so herzinnig erfreut. Der Kaiser gab jedem der Betrüger ein Ritterkreuz zum Ins-Knopfloch-Hängen und den Titel eines Webjunkers.

Die ganze Nacht vor dem Vormittag, an dem die große Prozession sein sollte, saßen die Betrüger bei der Arbeit und hatten mehr als sechzehn Lichter angezündet. Die Leute konnten sehen, dass sie es eilig hatten, die neuen Kleider des Kaisers fertigzumachen. Sie taten, als nähmen sie den Stoff vom Webstuhl, sie schnitten mit großen Scheren durch die Luft, sie nähten mit großen Nähnadeln ohne Faden und sagten endlich: »Seht, nun sind die Kleider fertig!«

Der Kaiser, mit seinen vornehmsten Kavalieren, kam selbst herbei, und beide Betrüger hoben jeweils einen Arm in die Luft, gerade als ob sie etwas festhielten, und sagten: »Seht hier sind die Beinkleider! hier ist der Rock! hier der Mantel!« und so in einem fort. »Es ist so leicht, wie Spinnweben! man sollte meinen, man hätte gar nichts auf dem Leib, aber das ist ja gerade das Besondere daran!«

»Ja!«, sagten alle Kavaliere, aber sie konnten gar nichts sehen, denn da war gar nichts.

»Wollen nun Ihre Kaiserliche Majestät allergnädigst geruhen, Ihre Kleider abzulegen!«, sagten die Betrüger, »dann wollen wir Ihnen gern die neuen anlegen, hier drüben vor dem großen Spiegel!«

Der Kaiser zog alle seine Kleider aus, und die Betrüger stellten sich, als gäben sie ihm Stück für Stück die neuen, die sie genäht haben wollten, und der Kaiser drehte und wendete sich vor dem Spiegel.

»Gott wie kleidet das gut! wie sitzt das wunderbar!«, sagten sie allesamt. »Welches Muster! welche Farben! das ist ein kostbares Gewand!« –

»Draußen stehen sie mit dem Thronhimmel, der während der Prozession über Ihrer Majestät getragen werden soll!«, sagte der Oberzeremonienmeister.

»Ja ich bin dann wohl so weit!«, sagte der Kaiser. »Sitzt es nicht gut?«, und dann drehte er sich noch einmal vor dem Spiegel! denn es sollte doch aussehen, als betrachte er so recht seine Pracht.

Die Kammerherren, die die Schleppe tragen sollten, fuchtelten mit den Händen überm Boden, als nähmen sie die Schleppe auf, die sie dann hochhielten, sie trauten sich nicht, sich anmerken zu lassen, dass sie gar nichts sehen konnten.

Und so ging der Kaiser in der Prozession unter dem prächtigen Thronhimmel, und alle Menschen auf der Straße und in den Fenstern sagten: »Gott, wie sind die neuen Kleider des Kaisers doch unvergleichlich! was für eine herrliche Schleppe er an seinem Rock hat! wie makellos die sitzt!« Niemand wollte sich anmerken lassen, dass er nichts sah, denn dann hätte er ja nicht für sein Amt getaugt oder wäre sehr dumm gewesen. Keines der kaiserlichen Kleider hatte so viel Furore gemacht.

»Aber er hat ja gar nichts an«, sagte ein kleines Kind. »Gott im Himmel, hört die Stimme der Unschuld«, sagte der Vater; und der eine flüsterte dem anderen zu, was das Kind sagte.

»Aber er hat ja gar nichts an«, rief zuletzt das ganze Volk. Da überlief es den Kaiser, denn ihm war, als hätten sie recht, aber er dachte bei sich: »jetzt muss ich die Prozession durchhalten«. Und die Kammerherren schritten einher und trugen die Schleppe, die es gar nicht gab.

Der ursprüngliche Schluss:

Keines der kaiserlichen Kleider hatte so viel Furore gemacht. »Dieses Gewand muss ich wirklich jedes Mal tragen, wenn ich in der Prozession gehe oder in der Volksversammlung auftrete!«, sagte der Kaiser; und die ganze Stadt sprach von seinen prächtigen neuen Kleidern.

Der standhafte Zinnsoldat

Es waren einmal fünfundzwanzig Zinnsoldaten, die waren alle Brüder, denn geboren hatte sie ein alter Zinnlöffel. Das Gewehr hielten sie im Arm und das Gesicht geradeaus!; rot und blau, o so herrlich war die Uniform. Das Allererste, was sie in dieser Welt hörten, als der Deckel von der Schachtel genommen wurde, in der sie lagen, war das Wort: »Zinnsoldaten!«, das rief ein kleiner Junge und klatschte in die Hände; er hatte sie bekommen, denn er hatte Geburtstag und stellte sie nun auf dem Tisch auf. Der eine Soldat glich dem anderen leibhaftig, nur ein einziger war ein bisschen verschieden; er hatte nur ein Bein, denn er war zuletzt gegossen worden, und da hatte das Zinn nicht gereicht; und doch stand er genauso fest auf seinem einen wie die anderen auf ihren zweien, und es ist just dieser eine, der nun der Rede wert sein wird.

Auf dem Tisch, wo sie aufgestellt worden waren, standen noch viele andere Spielsachen; aber das, was am meisten ins Auge fiel, war ein niedliches Schloss aus Papier. Durch die kleinen Fenster konnte man geradewegs in die Säle hineinblicken. Draußen standen kleine Bäume, rings um einen kleinen Spiegel, der sollte aussehen wie ein See; Schwäne aus Wachs schwammen darauf und bespiegelten sich. Das war alles niedlich, aber das Niedlichste war doch eine kleine Jungfrau, die mitten in der offenen Schlosstür stand; sie war auch aus Papier ausgeschnitten, aber sie hatte ein Kleid an aus dem reinsten Linon und ein kleines schmales blaues Band über der Schulter wie ein feines Gewand; mittendrin saß eine schimmernde Paillette, genau so groß wie ihr ganzes Gesicht. Die kleine Jungfrau reckte ihre beiden Arme, sie war nämlich eine Tänzerin, und dann streckte sie ihr eines Bein so weit in die Höhe, dass der Zinnsoldat es gar nicht mehr finden konnte und glaubte, dass sie nur ein Bein habe, genau wie er.

»Das wäre eine Ehefrau für mich!«, dachte er; »aber sie ist etwas vornehm, sie wohnt in einem Schloss, ich habe bloß eine Schachtel, und die teilen wir uns zu fünfundzwanzig, das ist kein Ort für sie! doch ich muss sehen, dass ich mich mit ihr bekannt mache!«, und dann legte er sich der Länge nach hinter eine Schnupftabaksdose, die auf dem Tisch stand; da konnte er die kleine feine Dame so recht anschauen, die fortwährend auf einem Bein stand, ohne die Balance zu verlieren.

Als es gegen Abend ging, kamen alle die anderen Zinnsoldaten in ihre Schachtel, und die Leute im Haus gingen ins Bett. Jetzt begannen die Spielsachen zu spielen, bei Fremden zu Besuch sein, Krieg führen und auf den Ball gehen; die Zinnsoldaten rasselten in der Schachtel, denn sie wollten mitmachen, aber sie konnten den Deckel nicht wegschieben. Der Nussknacker schlug Purzelbäume, und der Griffel trieb auf der Tafel Schabernack; es war ein Spektakel, dass der Kanarienvogel aufwachte und mitzureden begann, und das in Versen. Die beiden Einzigen, die sich nicht von der Stelle rührten, waren der Zinnsoldat und die kleine Tänzerin; sie hielt sich so rank auf den Zehenspitzen, beide Arme ausgestreckt; er war genauso standhaft auf seinem einen Bein, seine Augen wandten sich nicht einen Augenblick von ihr ab.

Nun schlug die Uhr zwölf, und klatsch! sprang der Deckel der Schnupftabaksdose auf, aber es war kein Tabak darin, sondern ein kleiner schwarzer Wicht, das war so ein Kunststück.

»Zinnsoldat!«, sagte der Wicht, »willst du deine Augen wohl bei dir behalten!«

Aber der Zinnsoldat tat, als hörte er nichts.

»Ja warte nur bis morgen!«, sagte der Wicht.

Als es nun Morgen wurde, und die Kinder standen auf, da wurde der Zinnsoldat ans Fenster hinübergestellt, und mochte es nun Wind oder Wichtel sein, mit einem Mal flog das Fenster auf, und der Soldat verließ das Haus kopfüber aus dem dritten Stock. Das war ein schreckliches Tempo, er hielt das Bein in die Höhe und blieb auf seiner Mütze stehen, das Bajonett unten zwischen den Pflastersteinen.

Das Dienstmädchen und der kleine Junge kamen gleich herunter, um zu suchen; und obwohl sie nahe daran waren, auf ihn zu treten, konnten sie ihn doch nicht sehen. Hätte der Zinnsoldat gerufen: hier bin ich! dann hätten sie ihn schon gefunden, aber er fand es unschicklich, laut zu schreien, da er die Uniform trug.

Nun begann es zu regnen, der eine Tropfen fiel dichter als der andere, das wurde ein anständiger Guss; als er vorbei war, kamen zwei Straßenjungen.

»He, sieh mal!«, sagte der eine, »da liegt ein Zinnsoldat! er soll eine Bootsfahrt machen!«

Und dann machten sie ein Boot aus einer Zeitung, setzten den Zinnsoldaten mitten hinein, und nun segelte er die Gosse hinunter; beide Jungen liefen nebenher und klatschten in die Hände. Bewahre! was für Wellen durch diese Gosse gingen, und welch eine Strömung; ja, schließlich hatte es ja auch geschüttet. Das Papierboot schwankte auf und nieder, und zwischendurch, da drehte es sich so geschwind, dass es im Zinnsoldaten zitterte und bibberte; aber er blieb standhaft, verzog keine Miene, blickte geradeaus! und hielt das Gewehr im Arm.

Mit einem Mal trieb das Boot unter einen langen Gossendeckel; da wurde es so dunkel, als wäre er in seiner Schachtel.

»Wo ich jetzt bloß hingelange«, dachte er, »ja, ja, das hat der Wicht verschuldet! Ach säße doch die kleine Jungfrau hier im Boot, dann dürfte es hier gerne noch mal so dunkel sein!«

Im selben Moment kam eine große Wasserratte daher, die unter dem Gossendeckel wohnte.

»Hast du einen Pass?«, fragte die Ratte. »Pass her!«

Aber der Zinnsoldat schwieg stille und hielt das Gewehr noch fester. Das Boot sauste davon und die Ratte hinterdrein. Hu! wie sie mit den Zähnen klapperte und Stöckchen und Halmen zuschrie: »Aufhalten! aufhalten! er hat keinen Zoll bezahlt! er hat keinen Pass gezeigt!«

Aber die Strömung wurde stärker und stärker! Der Zinnsoldat konnte schon den hellen Tag erspähen, dort wo der Deckel aufhörte, aber er hörte auch ein brausendes Geräusch, das selbst einen tapferen Mann erschrecken konnte; denkt euch nur, die Gosse stürzte, da wo der Deckel endete, geradewegs in einen großen Kanal hinab, der würde für ihn genauso gefährlich sein, wie es das für uns wäre, wenn wir mit dem Boot einen großen Wasserfall hinunterführen.

Jetzt war er schon so nahe dran, dass er nicht mehr anhalten konnte. Das Boot sauste hinaus, der arme Zinnsoldat hielt sich so steif er konnte, keiner sollte ihm nachsagen, dass er mit den Augen blinzelte. Das Boot schnurrte drei, vier Mal im Kreis herum und war voll mit Wasser bis zum

Rand, es musste sinken; dem Zinnsoldaten stand das Wasser bis zum Hals, und tiefer und tiefer sank das Boot, mehr und mehr löste das Papier sich auf; jetzt ging das Wasser dem Soldaten über den Kopf – da dachte er an die kleine niedliche Tänzerin, die er nie mehr zu sehen bekommen würde; und es klang dem Zinnsoldaten in den Ohren:

»Fahre, fahre, Kriegesmann!
Sollst den Tod erleiden!«

Jetzt ging das Papier entzwei, und der Zinnsoldat stürzte hindurch – und wurde im selben Moment von einem großen Fisch verschluckt.

Nein, wie war das dunkel da drinnen! das war noch schlimmer als unter dem Gossendeckel, und dann war es so eng; aber der Zinnsoldat war standhaft und lag der Länge nach da mit dem Gewehr im Arm. –

Der Fisch sauste umher, er machte die allerentsetzlichsten Bewegungen; endlich wurde er ganz still, es durchfuhr ihn wie ein Blitzstrahl. Das Licht leuchtete ganz hell, und jemand rief laut: »Zinnsoldat!« Der Fisch war gefangen worden, zum Markt getragen, verkauft und hinaufgekommen in die Küche, wo das Hausmädchen ihn aufschnitt mit dem großen Messer. Sie fasste mit zwei Fingern den Soldaten mitten um den Leib und trug ihn in die Stube, wo sie alle einen so merkwürdigen Mann sehen wollten, der herumgereist war im Bauch eines Fisches; aber der Zinnsoldat war kein bisschen stolz. Sie stellten ihn auf den Tisch und da – nein, wie es doch wunderlich zugehen kann in der Welt! Der Zinnsoldat war in genau derselben Stube, in der er zuvor gewesen war, er sah genau dieselben Kinder, und die Spielsachen standen auf dem Tisch; das herrliche Schloss mit der niedlichen kleinen Tänzerin; sie hielt sich noch auf dem einen Bein und hatte das andere hoch oben in der Luft, sie war auch standhaft; das rührte den Zinnsoldaten, er hätte beinahe Zinn geweint, aber das war ungehörig. Er sah sie an und sie sah ihn an, aber sie sagten nichts.

Im selben Moment griff der eine von den kleinen Jungen zu und warf den Soldaten geradewegs in den Kachelofen, und er hatte gar keinen Grund dazu; das war bestimmt der Wichtel in der Dose, der schuld daran war.

Der Zinnsoldat stand ganz im Licht und fühlte eine Hitze, die war furchtbar, aber ob es wegen des wirklichen Feuers war oder aus Liebe, das wusste er nicht. Der Anstrich war ganz von ihm abgegangen, ob das auf der Reise passiert war oder vor Trauer, konnte niemand sagen. Er sah die kleine Jungfrau an, sie sah ihn an, und er fühlte, er schmolz, aber noch stand er standhaft mit dem Gewehr im Arm. Da ging irgendwo eine Tür auf, der Wind nahm die Tänzerin und sie flog wie eine Sylphide gerade hinein in den Kachelofen zum Zinnsoldaten, loderte hoch auf und war verschwunden; da schmolz der Zinnsoldat zu einem Klecks, und als das Dienstmädchen am nächsten Tag die Asche hinausbrachte, fand sie ihn als ein kleines Zinnherz; von der Tänzerin dagegen war nur noch die Paillette da, und die war kohlschwarz verbrannt.

Die Nachtigall

In China, wie du sicher weißt, ist der Kaiser ein Chinese, und alle, die um ihn herum sind, sind Chinesen. Das ist nun viele Jahre her, aber ebendeshalb lohnt es sich, die Geschichte anzuhören, ehe man sie vergisst. Das Schloss des Kaisers war das prachtvollste auf der ganzen Welt, ganz und gar aus feinem Porzellan, so kostbar, aber so zerbrechlich, so vorsichtig anzufassen, dass man sich ordentlich in Acht nehmen musste. Im Garten sah man die wunderlichsten Blumen, und an die allerprächtigsten waren Silberglöckchen gebunden, die klingelten, damit man nicht vorüberginge, ohne sie zu bemerken. Ja, alles war so raffiniert im Garten des Kaisers, und er erstreckte sich so weit, dass selbst der Gärtner nicht wusste, wo er aufhörte; ging man immer weiter, dann kam man in den schönsten Wald mit hohen Bäumen und tiefen Seen. Der Wald reichte bis hinunter ans Meer, das war blau und tief; große Schiffe konnten hereinsegeln bis unter die Äste, und auf diesen wohnte eine Nachtigall, die sang so gesegnet schön, dass selbst der arme Fischer, der an so viel anderes denken musste, stille dalag und lauschte, wenn er in der Nacht draußen war, um das Netz einzuholen, und dann die Nachtigall hörte. »Herr Gott, wie ist das schön!«, sagte er, aber dann musste er an seine Sachen denken und vergaß den Vogel; aber in der nächsten Nacht, wenn er wieder sang und der Fischer dort hinauskam, sagte er augenblicklich: »Herr Gott, wie ist das doch schön!«

Aus allen Ländern der Welt kamen Reisende in die Stadt des Kaisers, und die bewunderten die Stadt, das Schloss und den Garten, aber wenn sie die Nachtigall zu hören bekamen, sagten sie allesamt: »Die ist doch das Beste!«

Und die Reisenden erzählten davon, wenn sie nach Hause kamen, und die Gelehrten schrieben viele Bücher über die Stadt, das Schloss und den Garten, aber auch die Nachtigall vergaßen sie nicht, die wurde gleich an die erste Stelle gesetzt; und diejenigen, die dichten konnten, schrieben die schönsten Gedichte, alle über die Nachtigall im Wald an dem tiefen See.

Die Bücher machten ihren Weg um die ganze Welt, und da gelangten einige auch bis zum Kaiser. Er saß auf seinem Goldstuhl, las und las, jeden Augenblick nickte er mit dem Kopf, denn es machte ihm Vergnügen, die prachtvollen Beschreibungen von Stadt, Schloss und Garten zu hören. »Aber die Nachtigall ist doch das Beste!«, stand da geschrieben.

»Na so etwas!«, sagte der Kaiser. »Die Nachtigall! die kenne ich ja überhaupt nicht! ist da also so ein Vogel in meinem Kaiserreich, obendrein sogar in meinem eigenen Garten! das hab ich ja noch nie gehört! muss man sich sowas also erst anlesen!«

Und dann rief er nach seinem Kavalier, der war so vornehm, dass er, wenn jemand, der geringer war als er, ihn anzureden oder etwas zu fragen wagte, nichts anderes zur Antwort gab als: »Phh!«, und das hat gar nichts zu bedeuten.

»Hier soll es ja einen höchst merkwürdigen Vogel geben, eine sogenannte Nachtigall!«, sagte der Kaiser, »es heißt, sie sei das Allerbeste in meinem großen Reich! warum hat man mir nie etwas davon gesagt?«

»Ich habe sie bis jetzt niemals erwähnen hören!«, sagte der Kavalier, »sie ist noch nie am Hofe vorgestellt worden!« –

»Ich will, dass sie heute Abend hierherkommt und für

mich singt!«, sagte der Kaiser. »Da weiß die ganze Welt, was ich habe, und nur ich weiß es nicht!«

»Ich habe sie bis jetzt niemals erwähnen hören!«, sagte der Kavalier, »ich werde sie suchen, ich werde sie finden!« –

Aber wo war die zu finden? Der Kavalier lief alle Treppen hinauf und hinunter, durch Säle und Gänge. Keiner von allen, denen er begegnete, hatte von der Nachtigall reden hören, und der Kavalier lief wieder zum Kaiser und sagte, es müsse sich gewiss um eine Fabel handeln, von denen, die diese Bücher schrieben. »Ihre Kaiserliche Majestät müssen nicht alles glauben, was man schreibt! das sind Erfindungen und etwas, das man die Schwarze Kunst nennt!«

»Aber das Buch, in dem ich das gelesen habe«, sagte der Kaiser, »hat mir der großmächtige Kaiser von Japan geschickt, und da kann es nicht die Unwahrheit sein. Ich will die Nachtigall hören! heute Abend soll sie hier sein! sie hat meine Allerhöchste Gnade gefunden! und kommt sie nicht, soll der gesamte Hofstaat eins auf den Bauch kriegen, wenn sie Abendbrot gegessen haben!«

»Tsing-pe!«, sagte der Kavalier und lief wieder alle Treppen hinauf und hinunter, durch alle Säle und Gänge; und der halbe Hofstaat lief mit, denn sie wollten nicht gern eins auf den Bauch kriegen. Das war eine Fragerei nach der merkwürdigen Nachtigall, die alle Welt kannte, aber niemand bei Hofe!

Endlich trafen sie ein kleines, armes Mädchen in der Küche. Sie sagte: »O Gott, die Nachtigall! die kenne ich gut! ja, wie die singen kann! jeden Abend darf ich ein paar Essensreste vom Tisch zu meiner armen kranken Mutter nach Hause bringen, sie wohnt unten am Strand; und wenn ich dann zurückgehe und müde bin und mich im Wald ausruhe, dann höre ich die Nachtigall singen! mir kommt das Wasser in die Augen, wenn ich es höre, es ist so, als ob mich meine Mutter küsste!«

»Kleines Küchenmädchen!«, sagte der Kavalier, »ich werde Ihr eine feste Anstellung in der Küche verschaffen und die Erlaubnis, dem Kaiser beim Essen zuzusehen, sofern Sie uns zu dieser Nachtigall führt, denn die ist für heute Abend einbestellt!«

Und dann zogen sie allesamt in den Wald hinaus, wo die Nachtigall zu singen pflegte; der halbe Hofstaat war dabei. Als sie gerade im schönsten Wandern waren, brüllte eine Kuh.

»Oh!«, sagten die Hofjunker, »jetzt haben wir sie! es steckt doch eine bemerkenswerte Kraft in so einem kleinen Tier! ich habe sie ganz sicher schon früher einmal gehört!«

»Nein, das sind die Kühe, die brüllen!«, sagte das kleine Küchenmädchen, »es ist noch ein ganzes Stück!«

Jetzt quakten die Frösche im Tümpel.

»Bezaubernd!«, sagte der chinesische Schlosspropst, »jetzt hör ich sie, es klingt wie kleine Kirchenglocken!«

»Nein, das sind die Frösche!«, sagte das kleine Küchenmädchen. »Aber ich glaube, nun werden wir sie bald hören!«

Da begann die Nachtigall zu singen.

»Das ist sie!«, sagte das kleine Mädchen, »hört! hört! und da sitzt sie!«, und dann zeigte sie auf einen kleinen grauen Vogel in den Zweigen.

»Ist das die Möglichkeit!«, sagte der Kavalier, »so habe ich sie mir nun gar nicht vorgestellt! wie simpel sie aussieht! sie hat gewiss ihre *Couleur* verloren vor Schreck über die vielen vornehmen Menschen hier bei ihr!«

»Kleine Nachtigall!«, rief das kleine Küchenmädchen

ganz laut, »unser Allergnädigster Kaiser will so gern, dass du für ihn singst!«

»Mit dem größten Vergnügen!«, sagte die Nachtigall und sang, dass es eine Lust war.

»Das klingt wie gläserne Glocken!«, sagte der Kavalier, »und seht nur die kleine Kehle, wie die sich anstrengt! das ist merkwürdig, dass wir sie noch niemals gehört haben! die wird einen großen *Succès* bei Hofe machen!«

»Soll ich noch einmal für den Kaiser singen?«, fragte die Nachtigall, die glaubte, dass der Kaiser dabei sei.

»Meine vortreffliche kleine Nachtigall!«, sagte der Kavalier, »ich habe die große Freude, Sie für heute Abend zu einem Hoffest einbestellen zu dürfen, wo Sie Seine Höchstkaiserliche Gnade mit Ihrem charmanten Gesang verzaubern werden!«

»Der wirkt aber am besten im Grünen!«, sagte die Nachtigall, aber sie kam doch gerne mit, als sie hörte, dass das der Wunsch des Kaisers sei.

Im Schloss war alles ordentlich aufgeputzt! Wände und Böden, die ja aus Porzellan waren, glänzten unter tausend goldenen Lampen! die schönsten Blumen, die so recht erklingen konnten, waren in den Gängen aufgestellt; es war ein Laufen und ein Zugwind, in dem aber klangen auch alle Glöckchen, dass man keinen anderen Laut hören konnte.

Mitten in dem großen Saal, in dem der Kaiser saß, war ein goldener Stab aufgestellt, und auf dem sollte die Nachtigall sitzen; der ganze Hofstaat war da, und das kleine Küchenmädchen durfte hinter der Türe stehen, da sie nun den Titel eines Wirklichen Küchenmädchens trug. Alle trugen ihre schönsten Kleider, und alle sahen den kleinen grauen Vogel an, dem der Kaiser jetzt zunickte.

Und die Nachtigall sang so wunderbar, dass dem Kaiser die Tränen in die Augen traten, und da sang die Nachtigall noch schöner, das ging einem direkt ins Herz; und der Kaiser war so froh, und er sagte, die Nachtigall solle fortan seinen Goldpantoffel um den Hals tragen. Aber die Nachtigall dankte, sie habe schon Lohn genug erhalten.

»Ich habe Tränen in den Augen des Kaisers gesehen, das ist für mich der reichste Schatz! die Tränen eines Kaisers haben eine wundersame Macht! Gott weiß, ich bin genug belohnt!«, und dann sang sie noch einmal mit süßer, gesegneter Stimme.

»Das ist die liebenswürdigste Koketterie, die ich kenne!«, sagten die Damen ringsum, und dann nahmen sie Wasser in den Mund, damit sie glucksen konnten, wenn jemand sie anredete; da glaubten sie selber Nachtigallen zu sein; ja, die Lakaien und Kammermädchen ließen melden, auch sie seien zufrieden, und das will viel heißen, denn die sind die Allerschwierigsten, was Zufriedenheit angeht. Ja, die Nachtigall wurde wahrhaftig mit Beifall aufgenommen.

Sie sollte nun bei Hofe bleiben, ihr eigenes Bauer haben, einschließlich der Freiheit, zweimal am Tag und einmal in der Nacht hinauszuspazieren. Sie bekam zwölf Diener zur Seite, alle fassten sie mit einem Seidenband, das an ihr Bein gebunden war, und hielten gut fest. Diese Tour war wirklich kein Vergnügen.

Die ganze Stadt sprach von dem merkwürdigen Vogel, und wenn sich zwei auf der Straße trafen, dann sagte der eine nichts als: »Nachti–!«, und der andere sagte: »–gall!«, und dann seufzten beide und verstanden einander, ja elf Krämerskinder wurden nach ihr benannt, aber nicht ein einziges davon hatte einen Ton im Leibe. –

Eines Tages kam ein großes Paket für den Kaiser, darauf stand geschrieben: »Nachtigall«.

»Da haben wir wieder ein Buch über unseren berühmten Vogel!«, sagte der Kaiser; aber es war kein Buch, es war ein kleines Kunstwerk, das in einer Schachtel lag, eine künstliche Nachtigall, die der lebenden gleichen sollte, aber über und über besetzt war mit Diamanten, Rubinen und Saphiren; sobald man den Kunstvogel aufzog, konnte er eins der Stücke singen, die auch der wirkliche sang, und dann ging der Schwanz auf und ab und glitzerte von Silber und Gold. Um den Hals hing ihm ein kleines Band, und auf dem stand geschrieben: »Die Nachtigall des Kaisers von Japan ist armselig gegen die Nachtigall des Kaisers von China.«

»Das ist aber schön!«, sagten sie allesamt, und der, der den künstlichen Vogel überbracht hatte, erhielt sogleich den Titel eines Ober-Kaiserlichen-Nachtigall-Überbringers.

»Jetzt sollen beide zusammen singen, was gibt das wohl für ein Duett?«

Und dann mussten sie zusammen singen, aber es wollte nicht recht gehen, denn die wirkliche Nachtigall sang auf ihre Manier, und der Kunstvogel lief auf Walzen. »Die hat keine Schuld!«, sagte der Spielmeister, »sie ist ausgesprochen taktsicher und ganz aus meiner Schule!« So sollte also der Kunstvogel alleine singen. – Er wurde ebenso glücklich aufgenommen wie der wirkliche, und dann war er ja auch so viel niedlicher anzusehen: er glänzte wie Armbänder und Brustnadeln.

Dreiunddreißig Mal sang er ein und dasselbe Stück, und noch immer war er nicht müde; die Leute hätten es gern noch mal von vorne gehört, aber der Kaiser meinte, nun sollte auch die lebendige Nachtigall etwas singen – – aber wo war die geblieben? Niemand hatte bemerkt, dass sie durchs offene Fenster davongeflogen war, in ihre grünen Wälder.

»Ja aber was ist denn das für eine Geschichte!«, sagte der Kaiser; und alle Hofleute schimpften und meinten, diese Nachtigall sei doch ein höchst undankbares Tier. »Aber den besten Vogel haben doch wir!«, sagten sie, und dann musste wieder der Kunstvogel singen, und das war nun das vierunddreißigste Mal, dass sie dasselbe Stück zu hören kriegten, aber sie konnten es noch nicht ganz auswendig, denn es war so schwer, und der Spielmeister rühmte den Vogel so über alle Maßen, ja, er versicherte, er sei besser als die wirkliche Nachtigall, nicht nur im Hinblick auf das Kostüm und die vielen schönen Diamanten, sondern auch innendrin.

»Denn sehen Sie, meine Herrschaften, vor allem der Herr Kaiser! bei der wirklichen Nachtigall kann man niemals berechnen, was als Nächstes kommt, aber bei dem Kunstvogel ist alles festgelegt! so wird es und nicht anders! man kann Rechenschaft darüber geben, man kann ihn aufschlitzen und die menschlichen Gedanken darin zeigen: wie die Walzen liegen, wie sie verlaufen und wie das Eine aus dem Andern hervorgeht –!«

»Ganz meine Ansicht!«, sagten sie allesamt, und der Spielmeister erhielt die Erlaubnis, den Vogel, am nächsten Sonntag, allen Leuten vorzuführen; die sollten ihn auch singen hören, sagte der Kaiser; und sie hörten ihn, und sie wurden so vergnügt, als hätten sie sich am Tee lustig getrunken, denn das ist nun so ganz chinesisch, und dann sagten alle: »Oh!«, und steckten den Finger in die Luft, den man das Schleckerchen nennt, und dann nickten sie; aber die armen Fischer, die die wirkliche Nachtigall gehört hatten, sagten: »Das klingt sehr nett, es ist auch ähnlich, aber etwas fehlt, ich weiß nicht was!«

Die wirkliche Nachtigall war des Landes und Reiches verwiesen.

Der Kunstvogel hatte seinen Platz auf einem Seidenkissen gleich neben dem Bett des Kaisers erhalten; alle Geschenke, die er bekommen hatte, Gold und Edelsteine, lagen rings um ihn her, und im Titel war er befördert worden zum »Höchst-Kaiserlichen Nachttisch-Sänger«, Ersten Ranges zur Linken Seite, denn der Kaiser hielt die Seite für die vornehmste, auf der das Herz saß, und das Herz sitzt links, auch bei einem Kaiser.

Und der Spielmeister schrieb ein fünfundzwanzigbändiges Werk über den Kunstvogel; das war so gelehrt und so lang, und mit den allerschwierigsten chinesischen Wörtern, und alle Leute sagten, sie hätten es gelesen und verstanden, denn sonst hätten sie ja dumm ausgesehen, und dann hätten sie eins auf den Bauch gekriegt.

So ging das ein ganzes Jahr: Der Kaiser, der Hof und alle anderen Chinesen konnten jedes einzelne kleine »Kluck!« im Lied des Kunstvogels auswendig, aber eben deshalb mochten sie ihn nun am allermeisten; sie konnten selber mitsingen, und das taten sie. Die Gassenjungen sangen »zizizi! klukklukkluk!«, und der Kaiser sagte es auch –! ja, das war ganz bestimmt wunderschön!

Aber eines Abends, als der Kunstvogel gerade am schönsten sang, und der Kaiser lag im Bett und hörte zu, da sagte es »schwupp!«, und alle Räder liefen im Leerlauf, und dann stand die Musik still.

Der Kaiser sprang sofort aus dem Bett und ließ seinen Leibarzt rufen, aber was konnte der helfen! dann ließ er den

Uhrmacher holen, und nach viel Reden und Nochmalnachsehen brachte der den Vogel wieder einigermaßen instand, aber er sagte, man müsste ihn nun sehr sparsam gebrauchen, denn seine Zapfen seien ganz abgenutzt, und es wäre nicht möglich, neue so einzusetzen, dass es mit der Musik wieder sicher ginge. Das war eine große Betrübnis! nur einmal im Jahr traute man sich, den Kunstvogel singen zu lassen, und das ging schon mühsam genug; aber dann hielt der Spielmeister eine kleine Rede mit vielen schweren Wörtern und sagte, es wäre alles ebenso gut wie zuvor, und da war es also ebenso gut wie zuvor.

Nun waren fünf Jahre vergangen, und das ganze Land fiel in wirklich tiefe Trauer, denn im Grunde mochten sie alle ihren Kaiser: nun war er krank und könne nicht mehr leben, hieß es, ein neuer Kaiser war bereits gewählt, und die Leute standen unten auf der Straße und fragten den Kavalier, wie es um ihren Kaiser stand.

»Phh!«, sagte der und schüttelte den Kopf.

Kalt und bleich lag der Kaiser in seinem großen, prachtvollen Bett, der ganze Hof hielt ihn für tot, und jeder lief hin, den neuen Kaiser zu begrüßen; die Kammerdiener liefen herum, um darüber zu klatschen, und die Schlosszofen hielten ein großes Kaffeekränzchen. Ringsherum in allen Sälen und Gängen waren Stoffe ausgelegt, damit man niemanden gehen hörte, und darum war es so still, so still. Aber der Kaiser war noch nicht tot; steif und bleich lag er in dem prachtvollen Bett mit den langen Samtvorhängen und den schweren Goldquasten; hoch über ihm stand ein Fenster offen, und der Mond schien herein auf den Kaiser und den Kunstvogel.

Der arme Kaiser konnte kaum noch Luft holen, es war gerade so, als säße ihm jemand auf der Brust; er schlug die Augen auf, und da sah er, dass es der Tod war, der auf seiner Brust saß und seine Goldkrone aufgesetzt hatte, und in der einen Hand hielt er den Goldsäbel des Kaisers und in der anderen seine prächtige Fahne; und ringsum staken aus den Falten des großen samtenen Bettvorhangs wunderliche Köpfe hervor, einige ganz schaurig, andere so gesegnet mild: das waren alle die bösen und guten Taten des Kaisers, die auf ihn heruntersahen, jetzt da der Tod auf seinem Herzen saß.

»Erinnerst du dich noch?«, wisperte der eine nach dem anderen. »Erinnerst du dich noch?«, und dann erzählten sie ihm so vieles, dass ihm der Schweiß aus der Stirne sprang.

»Das habe ich nie gewusst!«, sagte der Kaiser; »Musik! Musik! die große chinesische Trommel!«, rief er, »dass ich nicht alles hören muss, was die sagen!«

Und sie hörten nicht auf, und der Tod nickte wie ein Chinese zu allem, was sie sagten.

»Musik! Musik!«, schrie der Kaiser. »Du kleiner, gesegneter Goldvogel! sing doch, sing! ich habe dir Gold und Kostbarkeiten gegeben, ich habe dir selber meinen Goldpantoffel um den Hals gehängt, nun sing doch, sing!«

Aber der Vogel stand ganz still, es war niemand da, der ihn aufgezogen hätte, und ohne das sang er nicht; aber der Tod sah unverwandt den Kaiser an aus seinen großen, leeren Augenhöhlen, und es war so still, so entsetzlich still.

Da erklang auf einmal, vom Fenster her, der herrlichste Gesang: das war die kleine, lebendige Nachtigall, die draußen in den Zweigen saß; die hatte von der Not des Kaisers gehört und war darum gekommen, um ihm Trost und Hoffnung zu singen; und je länger sie sang, desto bleicher wurden die Gestalten, das Blut strömte rascher und rascher durch die schwachen Glieder des Kaisers, und der Tod selber lauschte und sagte: »Mach weiter, kleine Nachtigall! mach weiter!«

»Ja willst du mir den prächtigen Goldsäbel geben! ja willst du mir die reiche Fahne geben! willst du mir die Krone des Kaisers geben!«

Und der Tod gab jedes Kleinod für ein Lied, und die Nachtigall machte weiter und sang, und sie sang vom stillen Kirchhof, wo die weißen Rosen wachsen, wo der Holunder duftet und wo das frische Gras benetzt wird von den Tränen der Überlebenden; da fühlte der Tod eine Sehnsucht nach seinem Garten und schwebte, wie ein kalter, weißer Nebel, aus dem Fenster hinaus.

»Danke! danke!«, sagte der Kaiser, »du himmlischer kleiner Vogel, ich kenne dich noch! Dich habe ich verjagt aus meinem Land und Reich, und doch hast du die bösen Erscheinungen von meinem Bett fortgesungen, du hast mir den Tod vom Herzen genommen! Wie soll ich dich belohnen?«

»Du hast mich belohnt!«, sagte die Nachtigall; »ich habe Tränen aus deinen Augen bekommen, als ich das erste Mal sang, das vergesse ich dir niemals! das sind Juwelen, die machen ein Sängerherz gut –; aber schlaf jetzt und werde frisch und stark! ich werde für dich singen!«

Und sie sang – und der Kaiser fiel in einen süßen Schlaf, so milde und wohltuend war der Schlaf.

Die Sonne schien durchs Fenster zu ihm herein, als er gestärkt und gesund erwachte; noch war keiner von seinen Dienern zurückgekommen, denn die glaubten, er sei tot, aber die Nachtigall saß noch immer da und sang.

»Immer musst du bei mir bleiben!«, sagte der Kaiser; »du

sollst nur singen, wenn du selber willst, und den Kunstvogel schlag ich in tausend Stücke.«

»Tu das nicht!«, sagte die Nachtigall; »der hat ja alles Gute getan, was er vermochte! behalt ihn wie immer! ich kann hier im Schloss nicht wohnen, aber lass mich kommen, wenn ich selber Lust habe, da will ich am Abend in dem Zweig sitzen da am Fenster und für dich singen, dass du zugleich froh und gedankenvoll wirst; ich will von den Glücklichen singen und von denen, die leiden; ich will von Böse und Gut singen, das rings um dich her verborgen liegt; der kleine Singvogel kommt weit herum, zum armen Fischer, unter das Dach des Bauern, zu jedem, der weit weg ist von dir und deinem Hof; ich liebe dein Herz mehr als deine Krone, und doch ist um die Krone ein Duft von etwas Heiligem! – ich komme, ich singe für dich! – aber Eines musst du mir versprechen!« –

– »Alles!«, sagte der Kaiser und stand da in seiner kaiserlichen Tracht, die er sich ganz alleine angezogen hatte, und hielt den Säbel, der schwer von Gold war, an sein Herz.

»Um Eines bitte ich dich: Erzähle niemandem, dass du einen kleinen Vogel hast, der dir alles sagt, dann wird es noch besser gehen!«

Und da flog die Nachtigall fort.

Die Diener kamen herein, um nach ihrem toten Kaiser zu sehen; – ja, da standen sie, und der Kaiser sagte: »Guten Morgen!«

Das missratene Entchen

Es war so herrlich draußen auf dem Lande; es war Sommer, das Korn stand gelb, der Hafer grün, das Heu war in Garben aufgestellt, unten auf den grünen Wiesen, und da ging der Storch auf seinen langen, roten Beinen und redete Ägyptisch, denn diese Sprache hatte er von seiner Mutter gelernt. Äcker und Wiesen waren umgeben von großen Wäldern, und mitten in den Wäldern lagen tiefe Seen; ach ja, es war wirklich herrlich draußen auf dem Lande! Mitten im Sonnenschein lag da ein altes Herrenhaus mit tiefen Kanälen ringsum, und von der Mauer und bis aufs Wasser hinab wuchsen große Blätter von Sauerampfer, die waren so hoch, dass kleine Kinder aufrecht unter den größten stehen konnten; es war beinahe eine Wildnis dadrinnen, wie in dem dichtesten Wald, und hier lag auf ihrem Nest eine Ente; sie sollte ihre kleinen Entchen ausbrüten, aber allmählich wurde es ihr nun langweilig, denn es dauerte so lange, und nur selten bekam sie Besuch; die anderen Enten wollten lieber auf den Kanälen herumschwimmen, als heraufgelaufen zu kommen und unter einem Sauerampferblatt zu sitzen, um mit ihr zu schnattern.

Endlich knackte ein Ei nach dem anderen auf: »Piep! piep!«, sagte es, jedes Eigelb war lebendig geworden und steckte den Kopf hervor.

»Rap! rap!«, sagte sie, und dann rappelten die Kleinen sich auf, so rasch sie konnten, und lugten zu allen Seiten unter die grünen Blätter, und die Mutter ließ sie sehen, so viel sie wollten, denn Grün ist gut für die Augen.

»Wie ist die Welt doch groß!«, sagten alle Küken; denn

sie hatten jetzt doch ganz anders Platz als früher, als sie noch im Ei lagen.

»Glaubt ihr, das ist die ganze Welt!«, sagte die Mutter, »die reicht noch weit hinaus bis zur anderen Seite des Parks, bis in den Acker des Pastors! aber da bin ich noch nie gewesen! – Ihr seid ja doch wohl alle beisammen!« – und dann richtete sie sich auf, »nein, ich hab noch nicht alle! das größte Ei liegt noch da; wie lange soll das dauern! nun bin ich es aber bald leid!«, und dann legte sie sich wieder hin.

»Na, und wie geht's?«, sagte eine alte Ente, die kam, um ihre Visite zu machen.

»Das dauert so lange mit dem einen Ei!«, sagte die liegende Ente; »es will und will kein Loch kriegen! aber nun sollst du die anderen sehen! das sind die schönsten Küken, die ich je gesehen habe! sie sehen alle ihrem Vater ähnlich, dem Schuft, er kommt mich nicht mal besuchen.«

»Lass mich mal das Ei sehen, das nicht platzen will!«, sagte die alte Ente. »Glaub mir, das ist ein Truthahnei! so hat man mich auch schon hereingelegt, und ich hatte meine liebe Sorge und Not mit den Küken, die haben nämlich Angst vor Wasser, sag ich dir! ich habe sie nicht hineingekriegt! ich habe es mit Rappen und mit Schnappen versucht, aber es half nichts! – Lass mich mal das Ei sehen! o ja, das ist ein Truthahnei! lass das nur liegen, und bring den andern Kindern das Schwimmen bei!«

»Ich will doch noch ein bisschen darauf liegen bleiben!«, sagte die Ente; »jetzt hab ich schon so lange gelegen, da kann ich auch noch bis zum Ende der Saison liegen!«

»Bitte sehr!«, sagte die alte Ente, und dann ging sie.

Endlich platzte das große Ei. »Piep! piep!«, sagte das Küken und wälzte sich heraus; er war so groß und hässlich.

Die Ente sah es an: »Das ist aber ein entsetzlich großes Entchen, ist das doch!«, sagte sie; »keins von den andern sieht so aus! das ist doch nie und nimmer ein Putenküken! na, das werden wir bald heraushaben! ins Wasser soll er, und wenn ich ihn selbst hinaustreten muss!«

Am nächsten Tag war gesegnetes, wunderbares Wetter; die Sonne schien auf alle die grünen Sauerampferblätter. Die Entchenmutter mit ihrer ganzen Familie kam am Kanal zum Vorschein: platsch! sprang sie ins Wasser: »Rap! rap!«, sagte sie, und ein Entchen nach dem andern plumpste hinterdrein; das Wasser schlug über ihren Köpfen zusammen, aber sie kamen doch gleich wieder nach oben und trieben so herrlich dahin; die Beine gingen von selbst, und alle waren sie draußen, sogar das große, hässliche Küken schwamm mit.

»Nein, das ist kein Truthahn!«, sagte sie; »sieh wie schön er die Beine gebraucht, wie rank er sich hält! das ist mein eigenes Kind! im Grunde ist es doch ganz schön, wenn man es richtig anschaut! rap! rap! – kommt jetzt mit mir mit, dann will ich euch in die Welt hinausführen und euch auf dem Entenhof vorstellen, aber haltet euch immer in meiner Nähe, dass niemand auf euch tritt, und nehmt euch in Acht vor den Katzen!«

Und dann kamen sie auf den Entenhof. Es herrschte ein schrecklicher Lärm da drinnen, denn da waren zwei Familien, die sich um einen Aalkopf zankten, und dann kriegte ihn doch die Katze.

»Seht, so geht es zu in der Welt!«, sagte die Entchenmutter und leckte sich den Schnabel, denn sie wollte auch den Aalkopf haben. »Gebraucht jetzt eure Beine!«, sagte sie, »und seht zu, dass ihr euch rappelt, und beugt den Hals vor der alten Ente dahinten! sie ist die Vornehmste von allen hier! sie ist von spanischem Geblüt, darum ist sie so dick, und seht ihr, sie hat einen roten Lappen ums Bein! das ist etwas ganz besonders Prachtvolles und die größte Auszeichnung, die man als Ente überhaupt kriegen kann, das bedeutet ungefähr so viel, wie dass man sie nicht loswerden will und dass sie erkannt werden soll von Mensch und Tier! – Rappelt euch! – nicht so die Beine zusammen! eine wohlerzogene Ente setzt die Beine weit auseinander, genau wie Vater und Mutter! seht her, so! beugt nun den Hals und sagt: rap!«

Und das machten sie; aber die anderen Enten ringsum blickten sie an und sagten ganz laut: »Nun sieh mal an! kriegen wir die Sippschaft jetzt auch noch dazu! als ob wir nicht so schon genug wären! und pfui, wie das eine Entchen aussieht! den wollen wir nicht dulden!« – und sogleich flog eine Ente hin und biss ihn in den Nacken.

»Lass ihn!«, sagte die Mutter, »er tut ja keinem was!«

»Ja, aber er ist zu groß und zu *apart*!«, sagte die beißende Ente, »und da muss er Schläge kriegen!«

»Das sind schöne Kinder, die Mutter da hat!«, sagte die alte Ente mit dem Lappen am Bein, »allesamt schön, bis auf das eine, das ist nicht gelungen! ich wünschte, sie könnte es noch mal neu machen!«

»Das geht nicht, Euer Gnaden!«, sagte die Entchenmutter, »er ist nicht schön, aber er ist eine so liebe gute Seele, und er schwimmt so vorzüglich wie jedes von den anderen, ja, ich darf sagen: sogar noch etwas besser! ich denke, er wird schon noch schöner, wenn er wächst, oder jedenfalls etwas kleiner mit der Zeit! er hat zu lange im Ei gelegen, und darum hat er nicht die richtige Figur gekriegt!« und dann zupfte sie ihn im Nacken und strich den ganzen Burschen glatt. »Er ist übrigens ein Enterich«, sagte sie, »und da macht es nicht so viel aus! ich denke, er wird gut zu Kräften kommen, er schlägt sich schon durch!«

»Die anderen Entchen sind niedlich!«, sagte die Alte, »fühlt euch nun ganz wie zu Hause, und falls ihr einen Aalkopf findet, könnt ihr ihn mir bringen!« –

Und dann fühlten sie sich ganz wie zu Hause.

Aber das arme Entchen, das ganz zuletzt aus dem Ei gekommen war und so garstig aussah, wurde gebissen, gepufft und zum Narren gehalten, und zwar von den Enten genauso wie von den Hühnern. »Er ist zu groß!«, sagten sie allesamt, und der Truthahn, der mit Sporen zur Welt gekommen war und daher dachte, er wäre ein Kaiser, pustete sich auf wie ein Schiff unter vollen Segeln, ging direkt auf ihn los, und dann kollerte er und kriegte einen ganz roten Kopf. Das arme Entchen wusste nicht, wo es stehen oder gehen sollte, es war so traurig, weil es so hässlich aussah und das Gespött des ganzen Entenhofs war.

So ging es am ersten Tag, und danach wurde es immer schlimmer. Auf das arme Entchen machten alle Hetzjagd, sogar seine Geschwister waren so böse zu ihm, und dann sagten sie immer: »Wenn dich doch nur die Katze holte, du ekliges Spektakel!«, und die Mutter sagte: »Wärst du bloß weit weg!«, und die Enten bissen ihn, und die Hühner hackten ihn, und die Magd, die die Tiere füttern sollte, trat mit dem Fuß nach ihm.

Da lief und flatterte er über den Zaun; die kleinen Vögel in den Sträuchern fuhren erschrocken in die Höhe; »das ist, weil ich so hässlich bin«, dachte das Entchen und schloss die Augen, lief aber trotzdem weiter; da kam es hinaus in das große Moor, wo die Wildenten wohnten. Hier lag es die ganze Nacht über, es war so müde und voller Kummer.

Am Morgen flogen die Wildenten auf, und die sahen sich den neuen Genossen an; »was bist denn du für einer?«, fragten sie, und das Entchen wandte sich nach allen Seiten und grüßte, so gut es konnte.

»Du bist so unglaublich hässlich!«, sagten die Wildenten, »aber uns kann es ja gleich sein, solange du nicht in unsere Familie einheiratest!« – Der Arme! er dachte gar nicht daran, sich zu verheiraten, hätte er bloß die Erlaubnis gehabt, im Schilf zu liegen und ein bisschen Moorwasser zu trinken.

Da lag er zwei ganze Tage lang, dann kamen zwei Wildgänse oder vielmehr Wildgänseriche, denn es waren zwei Männchen; es war noch nicht sehr lange her, seit sie aus dem Ei geschlüpft waren, und darum waren sie so keck.

»Hör mal, Genosse!«, sagten sie, »du bist dermaßen hässlich, dass ich dich gut leiden kann! willst du mit uns losziehen und Zugvogel werden! hier in der Nähe in einem anderen Moor sind ein paar süße gesegnete Wildgänse, alles Fräuleins, die könnten glatt: rap! sagen. Du machst noch dein Glück, pass auf, so hässlich bist du!« – –

»Piff! paff!«, machte es im selben Moment über ihnen, und beide Wildgänseriche fielen tot ins Schilf, und das Wasser wurde blutrot; piff! paff! machte es wieder, und ganze Schwärme von Wildgänsen flogen aus dem Schilf auf, und dann knallte es wieder. Es war große Jagd, die Jäger lagen rings um das Moor, ja manche saßen sogar oben in den Zweigen, die lang über das Schilf hinausragten; der blaue Rauch zog wie Wolken durch die dunklen Bäume und hing draußen überm Wasser; durch den Morast kamen die Jagdhunde, klatsch klatsch; Schilf und Röhricht schwankten nach allen Seiten; das war ein Schrecken für das arme Entchen, es drehte den Kopf, um ihn unter die Flügel zu kriegen, und im selben Moment stand dicht vor ihm ein fürchterlich großer Hund, die Zunge hing ihm lang aus dem Hals, und die Augen leuchteten schauerlich abstoßend; er beugte sein geöffnetes Maul dicht über das Entchen, zeigte seine scharfen Zähne – – und platsch! ging er wieder weg, ohne es zu packen.

»O Gott sei Dank!«, seufzte das Entchen, »ich bin so hässlich, dass nicht mal der Hund mich beißen will!«

Und dann lag es ganz still, während der Schrot durchs Schilf sauste und ein Schuss nach dem anderen knallte.

Erst viel später am Tag wurde es still, aber das arme Küken traute sich immer noch nicht aufzustehen, es wartete noch mehrere Stunden, ehe es sich umsah und sich dann aus dem Moor davonmachte, so schnell es konnte; es lief über Felder und Wiesen, da war es so windig, dass es nur mühsam von der Stelle kam.

Gegen Abend kam es an ein armes kleines Bauernhaus; das war so elendig, dass es selbst nicht wusste, zu welcher Seite es umkippen sollte, und so blieb es stehen. Der Wind sauste dermaßen um das Entchen herum, dass es sich auf seine Schwanzfedern setzen musste, um dagegenzuhalten; und es wurde immer schlimmer; da merkte er, dass die Türe aus der einen Angel gerutscht war und so schief hing, dass er durch den Spalt in die Stube schlüpfen konnte, und das tat er.

Hier wohnte eine alte Frau mit ihrem Kater und ihrer Henne, und der Kater, den sie »Söhneken« nannte, konnte einen Buckel machen und schnurren, er konnte sogar Funken machen, aber dazu musste man ihm gegen den Strich übers Haar streichen; die Henne hatte ganz kleine, kurze Beine, und darum hieß sie »Kikerikurzbein«; sie legte gute Eier, und die Frau liebte sie wie ihr eigenes Kind.

Am Morgen bemerkte man sogleich das fremde Entchen, und die Katze fing an zu schnurren und die Henne zu glucken.

»Was ist das denn!«, sagte die Frau und sah sich ringsum, aber sie konnte nicht gut sehen, und so glaubte sie, das Entchen wäre eine fette Ente, die sich verirrt hätte. »Da haben wir ja einen schönen Fang gemacht!«, sagte sie, »jetzt kriege ich Enteneier, wenn es nur kein Enterich ist! wir wollen doch mal sehen!«

Und dann wurde das Entchen auf Probe für drei Wochen eingestellt; aber es kam kein Ei. Und der Kater war der Herr im Haus, und die Henne war die Madame, und in einem fort sagten sie: »Wir und die Welt!«, denn sie glaubten, sie wären die Hälfte, und zwar die bessere. Das Entchen fand, dass man auch anderer Ansicht sein könnte, aber das duldete die Henne nicht.

»Kannst du Eier legen?«, fragte sie.

»Nein!«

»Ja, willst du dann gefälligst den Schnabel halten!«

Und der Kater sagte: »Kannst du einen Buckel machen, schnurren und Funken sprühen?«

»Nein!«

»Ja dann behalte gefälligst deine Meinung für dich, wenn vernünftige Leute sich unterhalten!«

Und das Entchen saß in der Ecke und hatte schlechte Laune; da kamen ihm die frische Luft und der Sonnenschein in den Sinn; es bekam so eine sonderbare Lust, sich auf dem Wasser treiben zu lassen, endlich konnte es nicht mehr anders und sagte es der Henne.

»Was ist denn in dich gefahren?«, fragte die. »Du hast nichts zu tun, darum kriegst du solche Flausen in den Kopf! Versuche Eier zu legen oder zu schnurren, dann geht das vorüber.«

»Aber es ist so herrlich, sich auf dem Wasser treiben zu lassen!«, sagte das Entchen, »so herrlich, wenn man es überm Kopf hat und bis zum Boden taucht!«

»Ja was für ein Vergnügen!«, sagte die Henne, »du bist wohl verrückt geworden! Frag doch den Kater, der ist der Klügste, den ich kenne, wie er es findet, sich auf dem Wasser treiben zu lassen oder unterzutauchen! um gar nicht von mir zu reden. – Du kannst sogar unsere Herrschaft fragen, die alte Frau, klüger als sie ist kein Mensch auf der Welt! glaubst du, die hat Lust zu schwimmen und Wasser über den Kopf zu kriegen!«

»Ihr versteht mich nicht!«, sagte das Entchen.

»Ja, wenn wir dich nicht verstehen, wer denn sonst! Du wirst doch wohl niemals klüger sein als der Kater und die Alte, um gar nicht von mir zu reden! Mach dich nur nicht so wichtig, Kindchen! und danke deinem Schöpfer für all das Gute, das man für dich getan hat! Bist du nicht in eine warme Stube gekommen und hast einen Umgang, von dem du was lernen kannst! aber du bist ein Tölpel, und es ist kein Vergnügen, dich um sich zu haben! mir kannst du glauben! ich meine es doch gut mit dir, ich sage dir Unannehmlichkeiten, und daran soll man seine wirklichen Freunde erkennen! sieh nun bloß zu, dass du Eier legst oder lernst, wie man schnurrt oder funkt!«

»Ich glaube, ich will in die weite Welt hinausgehen!«, sagte das Entchen.

»Ja, das tu du nur!«, sagte die Henne.

Und so ging das Entchen; es ließ sich auf dem Wasser treiben, es tauchte unter, aber alle Tiere übersahen es, weil es so missraten war.

Nun fiel der Herbst ein, die Blätter im Wald wurden gelb und braun, der Wind erfasste sie, so dass sie umhertanzten, und oben in der Luft sah es kalt aus; die Wolken hingen tief, schwer von Hagel und Schneeflocken, und auf dem Gatter stand der Rabe und schrie »au! au!« vor lauter Kälte; ja man könnte ordentlich frieren, wenn man nur daran dachte; dem armen Entchen ging es wirklich nicht gut.

Eines Abends, die Sonne ging so gesegnet unter, kam ein ganzer Schwarm herrlicher großer Vögel aus dem Gesträuch, das Entchen hatte niemals so schöne gesehen, die waren ganz schimmernd weiß, mit langen, geschmeidigen Hälsen; das waren Schwäne, die stießen einen ganz wundersamen Laut aus, breiteten ihre prächtigen, langen Flügel aus und flogen fort von den kalten Gegenden in wärmere Länder, zu offenen Seen! die stiegen so hoch, so hoch empor, und dem kleinen missratenen Entchen wurde so sonderbar zumute, es drehte sich im Wasser wie ein Rad, reckte den Hals hoch in die Luft, ihnen nach, stieß einen ganz hohen und wundersamen Schrei aus, dass es selber Angst dabei bekam. Oh, es konnte die herrlichen Vögel nicht vergessen, die glücklichen Vögel, und sobald es sie nicht mehr erspähen konnte, tauchte es hinunter bis zum Grund, und als es wieder nach oben kam, war es wie außer sich. Es wusste nicht, wie die Vögel hießen, nicht wohin sie flogen, und doch liebte es sie, wie es nie jemanden geliebt hatte; es beneidete sie gar nicht, wie hätte es ihm einfallen können, sich eine solche Herrlichkeit zu wünschen, es wäre schon froh gewesen, wenn nur die Enten es unter sich geduldet hätten! – das arme missratene Tier!

Und der Winter wurde so kalt, so kalt; das Entchen musste im Wasser hin und her schwimmen, damit es nur nicht völlig zufror; aber in jeder Nacht wurde das Loch, in dem es schwamm, enger und enger; es fror, dass es in der Eisschicht knackte; das Entchen musste fortwährend die Beine gebrauchen, damit das Wasser sich nicht schloss; zuletzt wurde es matt, lag ganz still und fror endlich im Eis fest.

Früh am Morgen kam ein Bauersmann, der sah es, ging hinaus und schlug mit seinen Holzschuhen die Eisdecke entzwei und trug es dann nach Hause zu seiner Frau. Da wurde es wiederbelebt.

Die Kinder wollten mit ihm spielen, aber das Entchen glaubte, sie wollten ihm etwas zuleide tun, und flatterte, so erschrocken war es, geradewegs in die Milchschüssel, so dass die Milch ins Zimmer schwappte; die Frau schrie und schlug die Hände überm Kopf zusammen, und da flog es in die Schale mit der Butter, und dann hinab in die Mehltonne und wieder herauf; o weh, wie es danach aussah! und die Frau schrie und schlug mit der Feuerzange nach ihm, und die Kinder liefen sich gegenseitig über den Haufen, um das Entchen einzufangen, und die lachten, und die schrien! – wie gut war es, dass die Tür offen stand, hinaus fuhr es zwischen den Sträuchern in den Neuschnee – da lag es, wie im Winterschlaf.

Aber es würde doch zu traurig werden, all die Not und das Elend zu erzählen, die es in jenem harten Winter ertragen musste – – es lag im Moor zwischen dem Röhricht, als die Sonne wieder warm zu scheinen begann; die Lerchen sangen – es war der herrliche Frühling.

Da breitete es auf einmal seine Flügel aus, die rauschten kräftiger als früher und trugen es in starken Schlägen davon; und noch ehe es wusste wie, war es in einem großen Garten, wo die Apfelbäume in Blüte standen, wo der Flieder duftete und an den langen, grünen Zweigen bis auf die gewundenen Kanäle hinunter hing! O hier war es so herrlich, so frühlingsfrisch! und gleich da vorn, heraus aus dem Dickicht, kamen drei herrliche, weiße Schwäne; die rauschten mit den Federn und ließen sich so leicht auf dem Wasser treiben. Das Entchen erkannte die prächtigen Tiere, und eine sonderbare Schwermut überkam es.

»Ich will zu ihnen fliegen, den königlichen Vögeln! und sie werden mich zu Tode hacken, weil ich, der Hässliche, mich ihnen zu nähern wage! aber das ist ganz gleichgültig! besser von denen getötet werden, als von den Enten gekniffen, von den Hühnern gehackt, von der Hühnerhof-Magd getreten und jämmerlich leiden im Winter!«, und es flog hinaus ins Wasser und schwamm auf die prächtigen Schwäne zu, die erblickten es und schossen mit rauschendem Gefieder auf es zu. »Tötet mich nur!«, sagte das arme Tier und beugte den Kopf zum Wasser nieder und erwartete den Tod – aber was sah es in dem klaren Wasser! es sah unter sich sein eigenes Bild, aber das war kein plumper, schwarzgrauer Vogel mehr, hässlich und abstoßend, das war selbst ein Schwan.

Es macht gar nichts, in einem Entenhof geboren zu sein, wenn man nur in einem Schwanenei gelegen hat!

Ihm war ganz fröhlich zumute über all die Not und die Widerwärtigkeiten, die es ertragen hatte; nun begriff es erst sein Glück, die ganze Herrlichkeit, die ihm nun ihren Gruß entbot. – Und die großen Schwäne schwammen rings um es herum und streichelten es mit den Schnäbeln.

Durch den Garten kamen ein paar kleine Kinder, die warfen Brot und Körner ins Wasser, und das kleinste rief:

»Da ist ein neuer!«, und die anderen Kinder fielen jubelnd ein: »ja da ist ein neuer gekommen!« und sie klatschten in die Hände und tanzten umher, liefen nach Vater und Mutter, und dann wurden Brot und Kuchen ins Wasser geworfen, und alle sagten sie: »Der neue ist der schönste! so jung und so herrlich anzusehen!«, und die alten Schwäne verneigten sich vor ihm.

Da war es ganz beschämt und steckte den Kopf unter die Flügel, es wusste selber nicht wohin! es war viel zu glücklich, aber nicht stolz, weil ein gutes Herz niemals stolz wird! es dachte daran, wie es verfolgt und verhöhnt worden war, und hörte nun alle sagen, dass es der herrlichste aller herrlichen Vögel wäre; und die Fliederbüsche beugten sich mit ihren Zweigen bis herab aufs Wasser zu ihnen, und die Sonne schien so warm und so gut, da rauschte sein Gefieder, der schlanke Hals hob sich, und von Herzen jubelte es: »Von so viel Glück habe ich nicht geträumt, als ich das missratene Entchen war!«

Das kleine Mädchen mit den Schwefelhölzern

Es war so entsetzlich kalt; es schneite, und der Abend dunkelte; es war außerdem der letzte Abend im Jahr, Silvesterabend. In dieser Kälte und in dieser Dunkelheit ging auf der Straße ein kleines, armes Mädchen mit bloßem Kopf und nackten Füßen; ja, sie hatte zwar Pantoffeln angehabt, als sie von zu Hause wegging; aber was konnte das helfen! das waren sehr große Pantoffeln gewesen, ihre Mutter hatte sie zuletzt benutzt, so groß waren die, und die hatte die Kleine verloren, als sie über die Straße eilte, auf der zwei Wagen so entsetzlich schnell vorüberfuhren; der eine Pantoffel war nicht wiederzufinden, und mit dem anderen lief ein Junge herum; er sagte, den könnte er als Wiege benutzen, wenn er selber Kinder kriegte.

Da ging nun das kleine Mädchen auf den nackten kleinen Füßen, die rot und blau waren vor Kälte; in einer alten Schürze trug sie eine Menge Schwefelhölzer, und ein Bund hatte sie in der Hand; niemand hatte ihr den ganzen Tag etwas abgekauft; niemand hatte ihr einen kleinen Schilling gegeben; hungrig und verfroren ging sie und sah so verschüchtert aus, das arme Ding! Die Schneeflocken fielen in ihr langes blondes Haar, das sich so hübsch im Nacken kräuselte, aber an Schönheit dachte sie wahrhaftig nicht. Aus allen Fenstern schimmerten die Kerzen, und dann roch es auf der Straße so wunderbar nach Gänsebraten; es war doch Silvesterabend, ja, daran dachte sie.

Hinten in einem Winkel zwischen zwei Häusern, das eine ging etwas weiter auf die Straße hinaus als das andere, da setzte sie sich hin und kauerte sich zusammen; die kleinen Beine hatte sie unter sich hochgezogen, aber sie fror noch mehr, und nach Hause traute sie sich nicht zu gehen, sie hatte ja keine Schwefelhölzer verkauft, sie hatte nicht einen Schilling gekriegt, ihr Vater würde sie schlagen, und kalt war es auch zu Hause, sie hatten bloß das Dach direkt über sich, und da pfiff der Wind herein, obwohl in die größten Risse Stroh und Lumpen gestopft waren. Ihre kleinen Hände waren beinah schon ganz tot vor Kälte. Ach! ein kleines Schwefelholz könnte guttun. Wenn sie sich traute, nur eins aus dem Bund herauszuziehen, es an der Wand anzureißen und die Finger zu wärmen. Sie zog eins heraus, »ritsch!«, wie das sprühte, wie das brannte! es war ein warmes, helles Feuer, fast wie eine kleine Kerze, als sie die Hand darum legte; das war eine wunderliche Kerze! Dem kleinen Mädchen war es, als säße sie vor einem großen Eisenofen mit blanken Messingkugeln und Messingtrommel; das Feuer brannte so gesegnet, wärmte so gut! nein, was war das! – Die Kleine streckte schon die Füße aus, um auch die zu wärmen – – da erlosch die Flamme, der Ofen verschwand –, sie saß da mit einem kleinen Stumpf von einem abgebrannten Schwefelholz in der Hand.

Ein neues wurde angerissen, das brannte, das leuchtete, und wo der Lichtschein auf die Mauer fiel, wurde sie durchsichtig, wie ein Schleier; sie sah direkt in die Stube hinein, wo der Tisch gedeckt stand mit einer schimmernden weißen Tischdecke und feinem Porzellan, und herrlich dampfte die gebratene Gans, gefüllt mit Zwetschgen und Äpfeln! und was noch prächtiger war, die Gans sprang aus der Schüssel, watschelte über den Fußboden mit Messer und

Gabel im Rücken; genau auf das arme Mädchen kam sie zu; da erlosch das Schwefelholz, und es war nur die dicke, kalte Mauer zu sehen.

Sie zündete ein neues an. Da saß sie unter dem herrlichsten Weihnachtsbaum; der war noch größer und schöner geschmückt, als sie es durch die Glastür bei dem reichen Kaufmann gesehen hatte, die letzten Weihnachten; Tausende von Kerzen brannten auf den grünen Zweigen, und bunte Bilder, wie die, mit denen die Schaufenster dekoriert sind, blickten auf sie herab. Die Kleine streckte beide Hände in die Höhe – da erlosch das Schwefelholz; die vielen Weihnachtskerzen gingen höher und höher hinauf, sie sah, dass es nun die klaren Sterne waren, einer von ihnen fiel und machte einen langen Feuerstreifen am Himmel.

»Jetzt stirbt jemand!«, sagte die Kleine, weil die alte Großmutter, der einzige Mensch, der gut zu ihr gewesen, nun aber tot war, gesagt hatte: Wenn ein Stern fällt, geht eine Seele hinauf zu Gott.

Sie riss wieder an der Mauer ein Schwefelholz an, das leuchtete ringsum, und im Glanz stand die alte Großmutter, so klar, so schimmernd, so mild und gesegnet.

»Großmutter!«, schrie die Kleine, »o nimm mich mit! ich weiß, du bist weg, wenn das Schwefelholz ausgeht; weg wie der warme Ofen, wie der herrliche Gänsebraten und der große gesegnete Weihnachtsbaum!« – und sie riss hastig alle restlichen Schwefelhölzer an, die im Bund waren, sie wollte Großmutter festhalten; und die Schwefelhölzer leuchteten mit einem solchen Glanz, dass es klarer war als am hellen Tag. Großmutter war noch niemals so schön gewesen, so groß; sie hob das kleine Mädchen auf ihren Arm empor, und sie flogen in Glanz und Glück, so hoch, so hoch; und da war keine Kälte, kein Hunger, keine Angst – sie waren bei Gott!

Aber im Winkel an der Hauswand saß in der kalten Morgenstunde das kleine Mädchen mit roten Wangen und mit einem Lächeln um den Mund – tot, erfroren am letzten Abend des alten Jahres. Der Neujahrsmorgen ging auf über der kleinen Leiche, die da mit Schwefelhölzern saß, von denen ein Bündel fast abgebrannt war. Sie hat sich wärmen wollen! sagte man; keiner wusste, was sie Schönes gesehen hatte, in welchem Glanz sie mit der alten Großmutter eingegangen war in die Neujahrsfreude!

Nachwort

»Mit den Geschichten«, so heißt es in einem Andersen-Märchen, »ist es wie mit manchen Menschen: sie werden mit dem Alter immer schöner. Und das ist so vergnüglich!« Für die hier gesammelten Geschichten gilt das ganz sicher.

Dabei hätte der bereits angesehene Romanautor, Lyriker und Reiseschriftsteller Hans Christian Andersen (1805–1875) selbst nicht erwartet, dass er als Märchendichter in die Weltliteratur eingehen würde, als er 1835 in Kopenhagen ein unscheinbares Heft mit *Märchen, für Kinder erzählt* veröffentlichte. Der Erfolg gab ihm recht und ermutigte ihn, die von Beginn an kalkulierte Doppelperspektive weiter herauszuarbeiten: »Ich erzähle den Kindern, während ich daran denke, dass Vater und Mutter oft zuhören, und ihnen muss man etwas für den Verstand geben.« Mehr als hundertfünfzig *Märchen und Geschichten* wurden es schließlich, ein Schatzhaus unterschiedlichster Genres, Sujets und Töne. Zwischen Volksmärchen und Satire, Witz und Tragödie und mit der Wärme einer liebevollen Menschen- und Weltkenntnis (und Selbstkenntnis) vermochten diese Geschichten tatsächlich Kinder, Mütter und Väter in aller Welt zu berühren. Die Spuren, die sie in der modernen Weltliteratur hinterlassen haben und noch immer hinterlassen, sind unübersehbar. Acht der wirkungsmächtigsten (und für Andersens unterschiedliche Schreibweisen exemplarischen) Märchen versammelt dieses Bändchen; eine umfangreichere Auswahl findet sich in der *Reclam Bibliothek*.

*

Das Feuerzeug (1835) – Zwar war diese Geschichte keineswegs Andersens erster Versuch, einen Volksmärchenstoff neu zu erzählen. Aber erst mit ihr hat er 1835 seinen eigenen Stil gefunden. Der ergibt sich nicht nur aus der fingierten Mündlichkeit. Er ist auch das Ergebnis eines übermütigen Spiels mit den Figuren-, Schauplatz- und Handlungs-Schemata des Volksmärchens (man vergleiche das auf dieselbe Überlieferung zurückgehende Grimm'sche Märchen *Das blaue Licht*). Die Hexe erscheint da in der Helfer- wie in der Gegner-Rolle; die Hunde verletzen nicht nur ihre Feinde, sondern auch die Regeln der Logik; Soldat und Prinzessin verstoßen gegen bürgerliche Moral wie gegen biedermeierliche Märchenregeln. Wenn dann noch das Irgendwo des Volksmärchens durch Ortsangaben aus Kopenhagen konkretisiert wird, gewinnen auch Volksaufstand und Königsmord (wie sie sich nicht lange zuvor ja in Paris tatsächlich ereignet hatten) riskante Züge. Alle satirische Aggressivität aber wird aufgelöst ins humorvoll-anarchische Sprachspiel. Schriebe der kleine Soldat Märchen – sie könnten so aussehen wie dieser Text.

Die Prinzessin auf der Erbse (1835) – Wie *Das Feuerzeug* stand auch diese Geschichte schon im ersten *Märchen*-Heft. Indem Andersen den sozialen Gegensatz von Adel und Bürgerlichkeit verwandelt in einen psychologischen Gegensatz von empfindsamer Verletzbarkeit und Robustheit, macht er aus der (in einer nicht identifizierten Quelle gefundenen) Anekdote eine Allegorie des leidenden Künstlertums.

Die kleine Meerfrau (1837) – Das weltberühmte Kunstmärchen, das die Undinen-Geschichte psychologisch vertieft, behandelt so subtil wie komplex Andersens Lebensthema: die Leiden unter einem angeborenen Stigma – wie meistens in seinem Werk verkörpert in weiblicher Gestalt. Geboren in einem ihr selbst und ihresgleichen schön erscheinenden, in der Menschenwelt aber unmöglichen Körper, erkauft sich die Heldin die Möglichkeit der Liebeserfüllung für einen hohen Preis: unsägliche Schmerzen nach der Transformation ihres verkehrten Unterleibs und ein lebenslanges Sprechverbot, das sie zwingt, sich nur mit den Mitteln der Kunst zu artikulieren, ihres Tanzes. Dennoch geht sie, missverstanden und von ihrer Herkunfts- wie von ihrer Sehnsuchtswelt unwiderruflich getrennt, in dieser Sphäre zugrunde. Allein die Aussicht auf eine Erlösung am Ende eines langen Läuterungsweges eröffnet eine neue Heilsperspektive. Weltliterarisch wurde dieses Märchen oft weitergedichtet – unter anderem von Oscar Wilde (*The Fisherman and His Soul*), Thomas Mann (*Doktor Faustus*) und Walt Disney (*Arielle*).

Die neuen Kleider des Kaisers (1837) – Die Anregung gab hier eine schwankhafte Novelle des spanischen Dichter-Prinzen Don Juan Manuel. Der Vergleich der beiden Schlüsse zeigt, worin Andersens Geniestreich bestand: Nicht mehr die Torheit des eitlen Herrschers und seiner ängstlichen Diener und Untertanen steht jetzt im Mittelpunkt, sondern die Enthüllung der symbolischen Ordnung durch den unbefangenen Blick und die ungenierte Rede des Kindes – buchstäblich ein Märchen, für Kinder erzählt.

Der standhafte Zinnsoldat (1838) – In dieser Figur, so hat Thomas Mann bemerkt, habe Andersen eigentlich das Symbol auch seines Lebens gefunden: Ausdruck einer Lebenshaltung, die auch in seinem Werk immer neu erkundet wird. In der tapfer durchgehaltenen Selbstbehauptung des Helden, der auf seinem einen Bein alle Bedrohungen übersteht und der hier, in der ihm heimlich verwandten Gestalt der Tänzerin, sogar die Erfüllung seiner Liebessehnsucht findet, verbinden sich romantisches Kunstmärchen und bittere Zeitkritik. Erst im Liebestod leuchtet die Möglichkeit einer Befreiung auf, die allen Schmerz überwindet.

Die Nachtigall (1844) – Das seit der antiken Philosophie debattierte Verhältnis von Naturschönem und Kunstschönem: in diesem Märchen über den romantischen Lieblingsvogel hat Andersen es zugespitzt zur Frage nach dem Verhältnis von einem in kalter Mechanik erstarrten und einem aus der Natur (auch aus der Tier-Mensch-Beziehung) heraus erneuerten Leben.

Das missratene Entchen (1844) – Stigmatisiert ist auch dieser kleine Protagonist, wie der falsch gegossene Zinnsoldat und die fischschwänzige Meerfrau; und grausamer noch als dort werden die Stadien seiner Demütigung bis an den Rand des Entschlusses zum Selbstmord verfolgt (der ja explizit geschildert wird). Dabei gerät die Darstellung der ›rechtschaffenen‹ Entenwelt zur Satire auf die Bürgerwelt des Biedermeier und das glückliche Märchenende zum Bild einer ›natürlichen‹ Selbstbehauptung des Genies. Der Satz »Es macht gar nichts, in einem Entenhof geboren zu sein, wenn man nur in einem Schwanenei gelegen hat!« ist in Dänemark sprichwörtlich geworden.

Das kleine Mädchen mit den Schwefelhölzern (1845) – Andersens Vorlage war diesmal eine Zeitungsabbildung: ein ausschnitthafter Blick in das Elend der Ärmsten in einer Großstadt (nicht weit entfernt von Andersens eigener sozialer Herkunft). Seine Geschichte erinnert an Erzählungen seines Freundes und Vorbilds Charles Dickens. Sie erschien zuerst im dänischen *Volkskalender* auf das Jahr 1846 und wurde 1848 in eine Märchensammlung aufgenommen. – Das nur auf den ersten Blick sentimentale Sujet beruht auf einer unheimlichen Ambivalenz der Erzählperspektive: Wie in Andersens frühem Gedicht *Das sterbende Kind* (1827) bleibt in der Schwebe, ob wir den Halluzinationen eines sterbenden Gehirns folgen oder Zeugen der Offenbarung einer jenseitigen Welt werden.